SOFTSHELL
NÄHEN FÜR KIDS

Julia Hennicke

SOFTSHELL

NÄHEN FÜR KIDS

11 PROJEKTE FÜR JEDES WETTER
IN DEN GRÖSSEN 92 BIS 128

EMF

EIN BUCH DER
EDITION MICHAEL FISCHER

INHALT

80

34
26

VORWORT

Als ich mit dem Nähen für meine Kinder begonnen habe, nähte ich zunächst einfache Hosen und Oberteile aus Jersey. Nach und nach habe ich mich dann auch an „kompliziertere“ Materialien herangetraut und entdeckt, wie viel Spaß es macht, individuelle Outdoorkleidung zu nähen. Softshell ist dabei zu einem meiner Lieblingsmaterialien geworden. Leicht zu verarbeiten, robust und wasserabweisend. Perfekt also für bequeme Outdoorkleidung.

Ich möchte dich mit diesem Buch inspirieren und ermutigen, dich auch an Materialien jenseits der gewebten Baumwolle heranzutrauen, und dir Tipps geben, worauf es dabei beim Nähen ankommt.

Im Grundlagenteil stelle ich dir Materialien und Nähtechniken genauer vor und gebe dir Tipps zu deren Verarbeitung. Die bebilderten Schritt-für-Schritt-Anleitungen sorgen dafür, dass dein Nähprojekt auch auf Anhieb gelingt. Im Glossar findest du Erläuterungen zu den wichtigsten Begriffen.

Ich wünsche dir viel Spaß beim Nähen,

Julia

GRUNDLAGEN

MATERIAL-EIGENSCHAFTEN

Wer bei Wind und Wetter vor die Tür gehen möchte, braucht entsprechende Kleidung. Softshell besteht aus mehreren Membranschichten. Meist ist die Außenschicht aus Kunstfasern wie Polyester, Polyamid oder Polypropylen. Diese Chemiefasern können Feuchtigkeit gut transportieren, ohne dabei selbst allzu viel davon aufzunehmen, so wird Schwitzen verhindert. Die weiche Stoffseite macht Softshell innen kuschelig und die Kunstfaserseite nach außen schön robust. Softshell ist ähnlich wie Fleece luftdurchlässig, wärmend und winddicht, bei leichtem Regen und Schneefall ist Softshell auch wasserabweisend, was ihn mit seinem geringen Stoffgewicht als Outdoorstoff so beliebt macht.

Softshell gibt es in verschiedenen Qualitäten. Besteht die Rückseite eines Softshellstoffes aus Fleece, kann man sich ein Innenfutter sparen, so kann er ganz unkompliziert, schnell und einfach vernäht werden.

Eigentlich muss Softshell auch nicht versäubert werden – professioneller sieht es innen allerdings aus, wenn die Kanten mit der Overlockmaschine versäubert wurden.

Beim Zusammennähen am besten eine etwas längere Stichlänge von 3,5–4 wählen. Und die Oberfadenspannung dabei etwas herunterdrehen.

Um Fehlstiche zu vermeiden, unbedingt qualitativ hochwertiges Nähgarn aus Polyester verwenden, eine neue Nähnadel gleitet auch besser durch das dichte Material. Es empfiehlt sich, die Nähfußhöhe bei dickeren Stellen auszugleichen – ein Stückchen gefalteter Stoff, Filz oder auch Pappe eignen sich dafür prima.

PFLEGE-HINWEISE

Ein Vorwaschen ist bei Softshell nicht nötig, da er eine reine Kunstfasermischung ist und nicht einläuft.

Das Material ist durch seine Ausrüstung schmutzabweisend und muss nur gelegentlich gewaschen werden, dabei sollte flüssiges Feinwaschmittel verwendet werden. Weichspüler vermeiden, da sich sonst die Atmungsaktivität des Stoffes durch zugesetzte Fasern vermindern würde.

Wer seine Softshellkleidung auf links gedreht bei maximal 40 Grad im Schonwaschgang in der Waschmaschine wäscht und schleudert, dann auf einen Bügel hängt und an der Luft trocknet, hat lange Freude damit.

Um die wasserabweisende Wirkung durch Benutzung und Waschen nicht zu verlieren, empfiehlt sich von Zeit zu Zeit eine Imprägnierung.

WEITERE MATERIALIEN

FRAMILON

Framilon, oder auch Framilastic genannt, ist ein durchsichtiges Gummiband aus Polyurethan mit sehr guter Dehnungsfähigkeit und Spannkraft. Es wird zum Stabilisieren einer Naht bei dehnbaren Stoffen verwendet und ist hilfreich beim Kräuseln und Einhalten von Stoffen.

NAHTDICHTBAND

Bänder zum Abdichten von Nähten werden aus thermoplastischen Klebefilmrollen oder entsprechend beschichteten Stoffrollen hergestellt. Die geschnittenen Bänder werden aufgebügelt und dienen dem Zweck, Nähte abzudichten und somit das Durchsickern von Wasser zu verhindern.

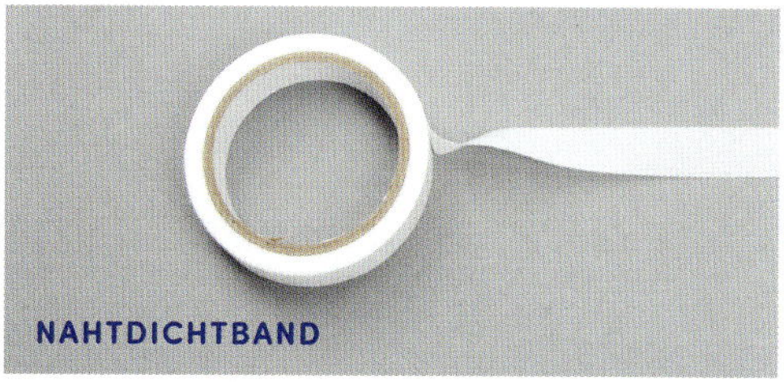

BESCHICHTETER REISSVERSCHLUSS

Möchte man beispielsweise eine Jacke wirklich wasserdicht bekommen, ist es ratsam, auch einen wasserabweisenden Reißverschluss zu verwenden. Es gibt verschiedene Arten, bei den gängigsten Modellen ist eine PU-Beschichtung auf die Vorderseiten der Reißverschlusstragbänder aufgebracht. Die Reißverschlussspirale ist in diesem Fall innenliegend.

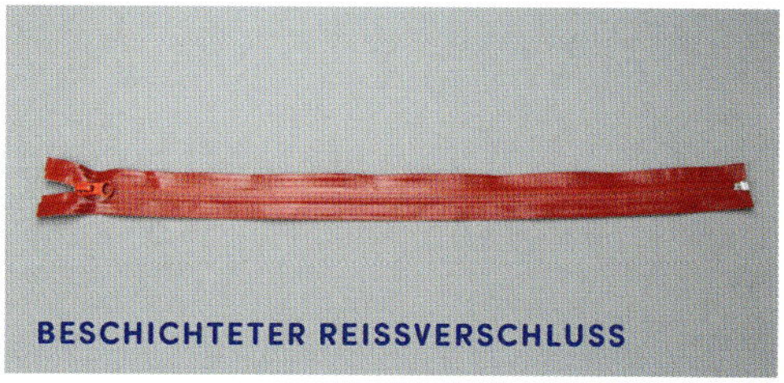

WERKZEUGE

NÄHMASCHINEN

Haushaltsnähmaschine

Eine Haushaltsnähmaschine ist unverzichtbar für alle Projekte. Sie sollte, neben dem Geradstich, mindestens über einen Zickzackstich, einen dreifachen Geradstich sowie ein Knopflochprogramm verfügen. Du verwendest sie zum Zusammennähen von Webware sowie zum Absteppen von Nähten aller Materialien.

Overlock

Die Overlock kann gleichzeitig schneiden, nähen und versäubern. Die Maschine arbeitet mit zwei parallel verlaufenden Nadeln sowie einem Obergreifer und einem Untergreifer. Sie eignet sich vor allem zum Nähen von elastischen Stoffen, da die Overlocknaht ebenfalls eine gewisse Elastizität aufweist. Die beiden Nadeln bilden die Stiche und nähen wie bei einer herkömmlichen Nähmaschine den Stoff zusammen. Die Greifer umschlingen die Stoffkante und versäubern sie somit.

LOCHZANGE UND ALLZWECKZANGE

Um Ösen oder Druckknöpfe anzubringen, sind diese beiden Werkzeuge die perfekten Helfer. Die Allzweckzange kann mit verschiedenen Aufsätzen sowohl Ösen als auch Nieten oder Druckknöpfe einschlagen.

MASSBAND UND HANDMASS

Ein Maßband, um die Körpermaße zu messen, gehört beim Nähen dazu. Gerade zum Säumen ist auch ein Handmaß, bei dem die Bemaßung direkt an der Kante beginnt, sehr praktisch.

NÄHNADELN

Nähnadeln gibt es sowohl für die Nähmaschine als auch zum Nähen mit der Hand. Für die Nähmaschine habe ich immer ein kleines Nadelsortiment für verschiedene Stoffarten und -stärken. Die Zahl auf der Verpackung gibt die Nadelstärke an: Eine 70er-Nadel ist für feine Stoffe, eine 100er für sehr dicke und feste Stoffe geeignet. Für die Näharbeiten mit Softshellstoffen verwende ich meistens eine Universalnadel mit der Stärke 90 bis 100.

NÄHGARN

Welche Garnart eignet sich wofür? Grundsätzlich kann ich dir empfehlen, beim Garn nicht auf den Preis, sondern unbedingt auf die Qualität zu achten. Zwar ist Markengarn nicht so günstig wie eine Garnbox aus dem Sonderangebot beim Discounter, aber der Ärger über einen ständig reißenden Faden beim Nähen oder eine geplatzte Naht am neuen Lieblingsteil wiegt schwerer. Polyestergarn ist der Allrounder unter den Garnen und kann eigentlich für so ziemlich jedes Nähprojekt verwendet werden. Du findest es daher auch oft unter der Bezeichnung „Allesnäher". Der Vorteil von Polyestergarn ist die Dehnbarkeit, und dass es beim Waschen nicht einläuft. Polyester zieht auch keine Nässe, weswegen es sich z.B. auch gut zum Nähen von Outdoorkleidung eignet.

NAHTTRENNER

Auch wenn man noch so geübt im Nähen ist, kommt man manchmal um das Auftrennen nicht herum. Damit es leichter von der Hand geht und wirklich nur der Faden aufgeschnitten wird, kannst du einen Nahttrenner verwenden. Er ist außerdem ein praktischer Helfer zum Einschneiden von Taschenschlitzen und Ähnlichem.

SCHNEIDERSCHERE

Die Investition in eine gute Stoffschere wirkt sich enorm auf den Spaß beim Zuschneiden aus. Es gibt gute günstige Modelle, oder man investiert etwas mehr Geld in eine Schere aus Edelstahl. Diese liegt stabil in der Hand und ist gut geeignet für schwere Stoffe. Sie kann geschliffen werden und hat dadurch eine lange Lebensdauer.

ROLLSCHNEIDER, LINEAL UND SCHNEIDEMATTE

Eine unverzichtbare Ergänzung zu einer guten Stoffschere ist ein Rollschneider. Du kannst damit superschnell deine Schnittmuster einfach umrunden und ausschneiden. Gerade Streifen für Bündchen usw. werden mit dem Rollschneider in Verbindung mit einem Lineal exakter zugeschnitten als mit der Schere. Die meisten Rollschneider haben auch noch andere Klingen – z. B. für Wellenschnitte. Eine Schneidematte darf an keinem Nähplatz fehlen. Sie eignet sich zum Messen und Zuschneiden, als Tischschutz und ist natürlich absolut unverzichtbar bei Patchworkarbeiten.

SCHNEIDERKREIDE

Um Markierungen oder Einschnitte auf den Stoff zu übertragen, verwendest du Schneiderkreide oder Trickmarker. Schneiderkreide gibt es in verschiedenen Formen, ich verwende am liebsten den Kreidestift. Beides wäscht sich wieder aus und ist später auf dem Stoff nicht mehr zu sehen.

STECKNADELN UND STOFFKLAMMERN

Gut gesteckt ist halb genäht. Für beschichtete Stoffe wie Softshell solltest du, wenn möglich, keine Stecknadeln, sondern Stoffklammern verwenden, da diese keine Löcher hinterlassen. Stecke dir deine Stoffteile vor dem Nähen exakt zusammen, so verhinderst du ein Verrutschen unter der Nähmaschine.

WICHTIGE TECHNIKEN

EINFASSEN

Eine Möglichkeit der Kantenversäuberung ist das Einfassen mit Schrägband. Es bildet einen schönen Abschluss. Manchmal ist es notwendig einzufassen, damit ein Kleidungsstück, welches doppellagig genäht wird, nicht mehr gewendet werden muss.

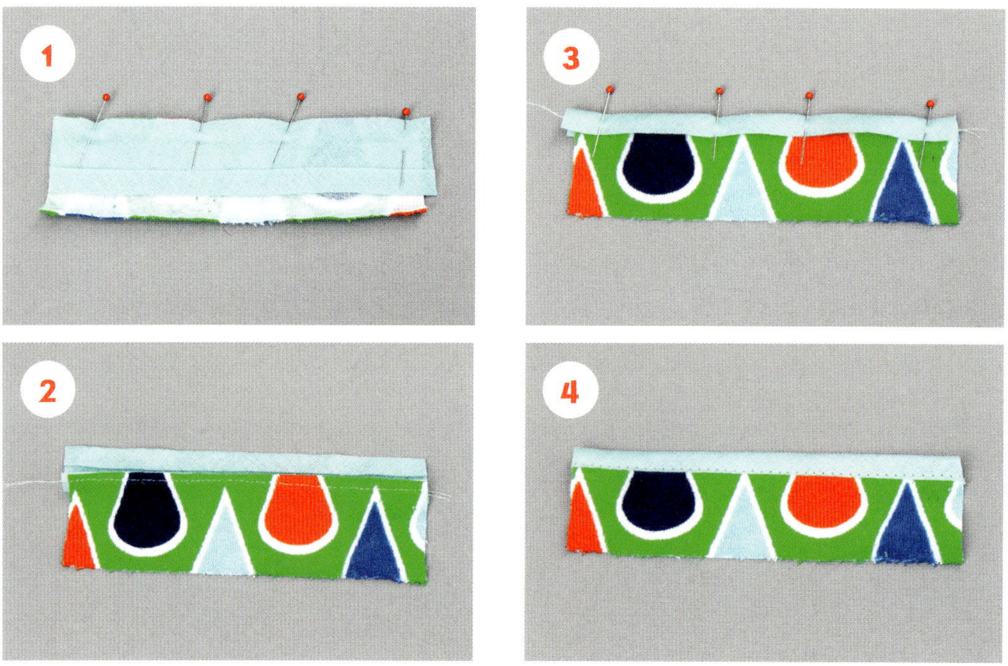

1. Das Schrägband aufklappen und rechts auf links auf den Stoff nähen.
2. Das Nähstück wenden.
3. Das Schrägband um die Stoffkante klappen und feststecken.
4. Von rechts knappkantig absteppen.

REISSVERSCHLUSS KÜRZEN

Nicht immer findet man den passenden Reißverschluss für ein bestimmtes Nähprojekt. Einen Reißverschluss zu kürzen ist gar nicht schwer.

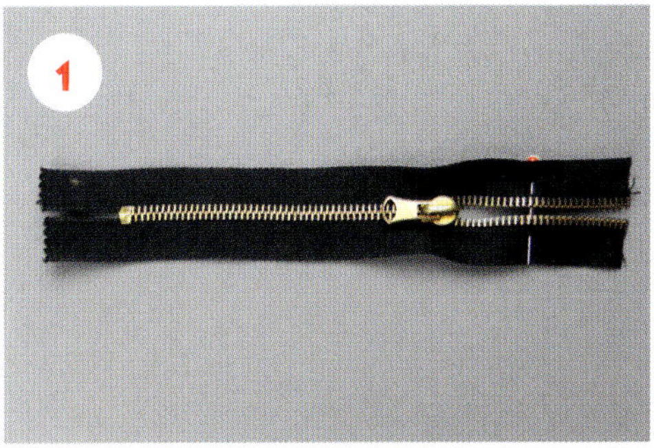

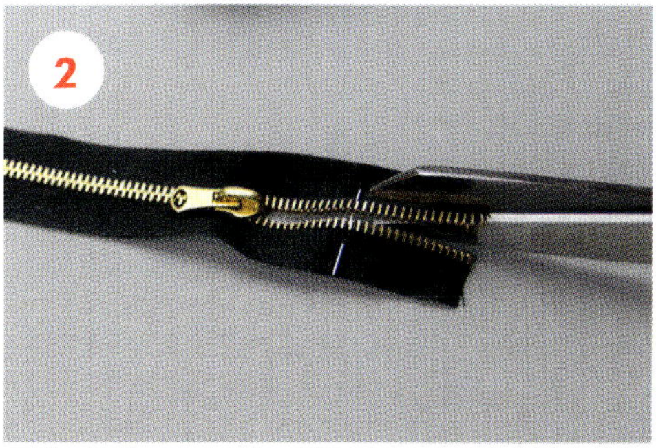

1. Markiere zunächst die korrekte Länge des Reißverschlusses mit einer Stecknadel.

2. Schneide anschließend vorsichtig die Zacken bis 1cm oberhalb der Markierung heraus oder entferne sie mit einer Zange. Bei einem Kunststoffreißverschluss kannst du nun die Oberkante der restlichen Zacken mit einem Feuerzeug anschmelzen. So rutscht der Schieber nicht nach oben ab. Bei einem Metallreißverschluss schneidest du bis zur Markierung alle Zacken ab und ziehst die Stoffenden in die Naht rein, damit der Schieber nicht herausrutscht.

REISSVERSCHLUSS EINNÄHEN

Zum Einnähen eines Reißverschlusses verwendest du das Reißverschlussfüßchen deiner Nähmaschine, denn bei allen Reißverschlussarten ist es wichtig, ganz nah an der Zahnkante des Reißverschlusses zu nähen.

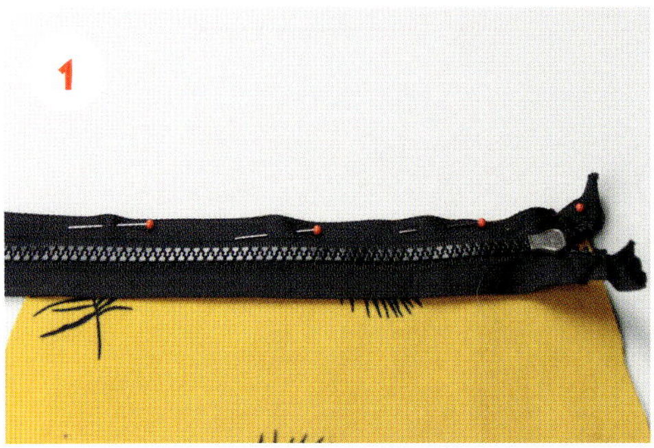

1. Nähe den Reißverschluss rechts auf rechts an die Stoffkante.
2. Nähe das zweite Stoffstück ebenfalls rechts auf rechts an die andere Reißverschlussseite.
3. Steppe beidseitig den Reißverschluss auf der rechten Stoffseite knappkantig ab.

PASPELBAND EINNÄHEN

Paspelbänder sind vorgefertigte Bänder mit integrierter Kordel. Sie setzen tolle Akzente und lassen eine einfache Naht zum Hingucker werden. Zum Nähen benötigst du ein Reißverschlussfüßchen.

1. Das Paspelband auf die rechte Stoffseite an die Kante stecken. Achte darauf, dass die Naht des Paspelbands auf die Linie trifft, wo die Nahtzugabe beginnt. Ist das Paspelband schmaler als die Nahtzugabe, muss es ggf. etwas eingerückt werden, damit genügend Nahtzugabe weggenäht wird. Damit nichts verrutscht, kann das Paspelband jetzt provisorisch aufgenäht werden.
2. Die zweite Stofflage rechts auf rechts auf das Paspelband stecken, bündig mit der Kante der unteren Stofflage, und alle Stofflagen zusammennähen.
3. Das Nähstück auf rechts wenden und die Nahtzugabe absteppen.

NÄHTE ABDICHTEN

Um eine Naht nach dem Nähen wasserdicht zu bekommen, muss sie abgedichtet werden. Dazu wird ein sogenanntes Nahtdichtband aufgebügelt. Diese Bänder sind auf einer Seite mit einem Kunststoff beschichtet, der sich durch Wärme verflüssigt und sich mit dem Gewebe verbindet.

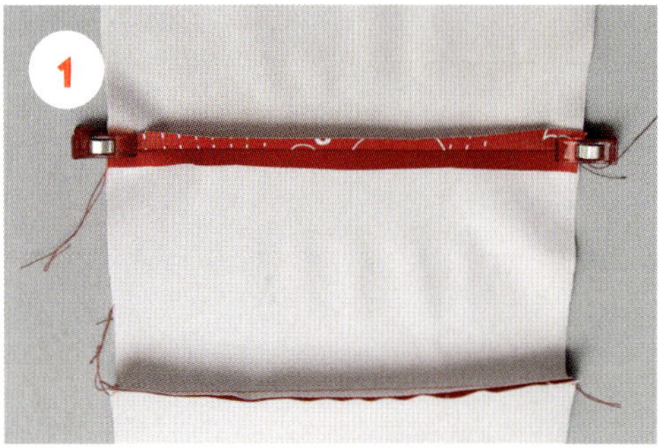

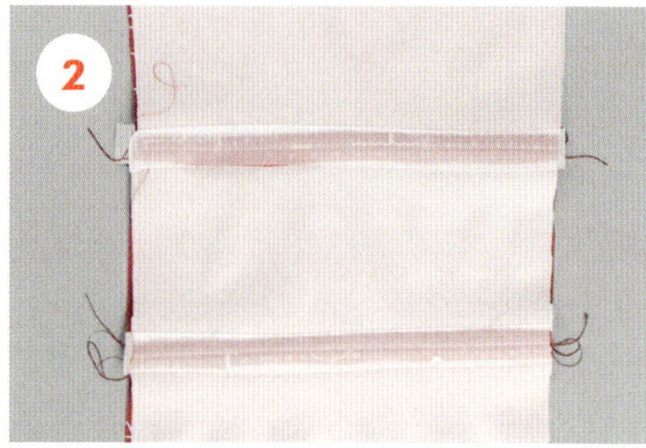

1. Die Nahtzugaben, wenn nötig, so zuschneiden, dass sie insgesamt um mindestens 1cm schmaler sind als das Nahtdichtband. Die Nahtzugaben flach auseinanderbügeln.
2. Das Nahtdichtband auf die gewünschte Länge zurechtschneiden und so auf die Nahtzugabe legen, dass es auf jeder Seite mindestens 5mm übersteht. Ein Geschirrtuch o.Ä. darauflegen und das Band vorsichtig aufbügeln. Nach dem Bügeln das Band mit einem festen Gegenstand kräftig aufpressen, solange der Kleber noch flüssig ist.

DRUCKKNÖPFE ANBRINGEN

Ein Druckknopf besteht aus vier Teilen und wird an Kleidung, Taschen oder vielen anderen Gegenständen angebracht. Es gibt verschiedene Materialien und Formen. Verwende die Variozange oder eine spezielle Zange für die entsprechenden Druckknöpfe. Bei dünnen oder dehnbaren Materialien etwas Vlieseline unterlegen, damit der Stoff nicht ausreißt.

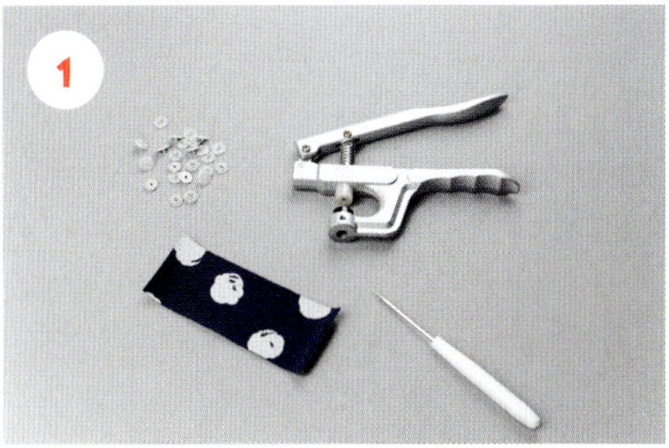

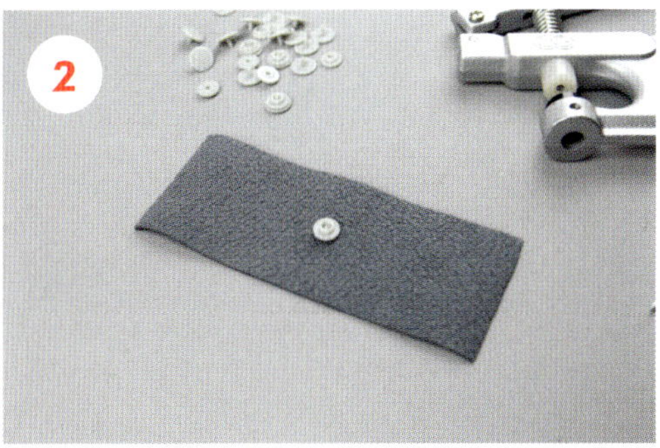

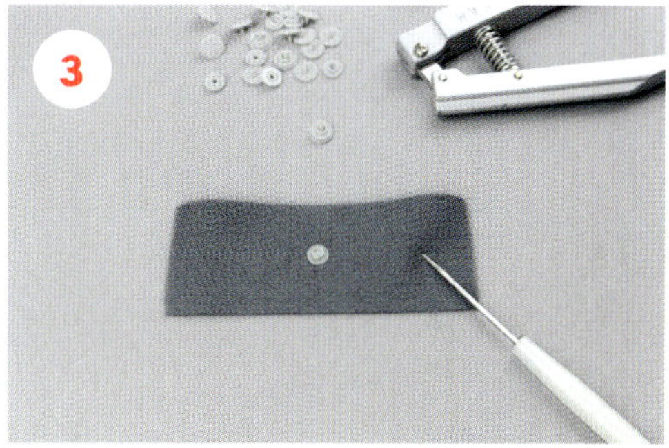

1. Stich zunächst mit einer Ahle oder einem anderen Werkzeug ein kleines Loch in den Stoff und setze die Kappe ein.
2. Presse danach den Sockel mit der Zange darauf.
3. Das Gegenstück wird genauso angebracht. Ich empfehle, erst den einen Teil des Druckknopfes anzubringen und dann die genaue Position des Gegenstücks zu bestimmen und wieder mit der Ahle vorzustechen.
4. Anschließend kann der Druckknopf dann einfach geschlossen werden.

GRÖSSEN-AUSWAHL

Zur Ermittlung der richtigen Kleidergröße orientierst du dich zunächst an der Körpergröße deines Kindes. Die Maße in der Tabelle sind Körpermaße in cm, also direkt auf dem Körper bzw. der Unterwäsche gemessen, ohne Zugaben. Bei Oberteilen richtest du dich nach dem Brustumfang und für Hosen ist der Gesäßumfang das auschlaggebende Maß.

Für Hüte, Kapuzen und Mützen benötigst du die Hutgröße. Diese entspricht einfach dem Kopfumfang des Kindes in cm.

Körpermaße	92	98	104	110	116	122	128
Brustumfang	53,0 cm	54,5 cm	56,0 cm	57,5 cm	59,0 cm	62,0 cm	65,0 cm
Taillenumfang	51,0 cm	52,0 cm	53,0 cm	54,0 cm	55,0 cm	56,5 cm	58,0 cm
Gesäßumfang	55,0 cm	57,0 cm	59,0 cm	61,0 cm	63,0 cm	66,0 cm	69,0 cm
Innenbeinlänge	39,6 cm	42,6 cm	45,6 cm	48,6 cm	51,6 cm	54,6 cm	57,6 cm

BÜNDCHENMASSE BERECHNEN

Um die Länge des Bündchens zu berechnen, kannst du eine ganz einfache Formel nutzen. Verwendest du echte Bündchenware, nimmst du die gemessene Länge der Öffnung (z.B. am Halsausschnitt) mal 0,7. Verwendest du für das Bündchen Jersey oder Lycra, wird die Länge mal 0,8 gerechnet, da diese Stoffe nicht so stark dehnbar sind wie Bündchenstoff.

Beispiel: gemessene Öffnung bzw. Strecke am Kleidungsstück = 38cm × 0,7 = 26,6cm. Für die Nahtzugabe rundest du etwas auf, musst aber nicht ganze 2cm dazurechnen, weil der Stoff ja dehnbar ist. Schneide in der Länge also rund 27cm inklusive Nahtzugabe zu.

VORBEREITUNGEN

STOFFE VORWASCHEN

Du solltest alle Stoffe, bevor du sie vernähst, zunächst einmal waschen. Es befinden sich oft noch chemische Rückstände von der Produktion im Stoff.

SCHNITTMUSTER

In der Anleitung befindet sich ein Hinweis, auf welchem Schnittmusterbogen sich die Schnittteile für dein Projekt befinden. Bündchen werden in der Regel rechteckig zugeschnitten und befinden sich nicht als separates Schnittteil auf den Bögen. Wie sich die Maße berechnen, findet du unter der Rubrik Größenauswahl auf Seite 22.

SCHNITTMUSTER ABPAUSEN

Damit du deinen Schnittmusterbogen immer wieder verwenden kannst, paust du das jeweilige Schnittteil in der benötigten Größe ab. Hierfür kannst du Schnittmusterpapier, Backpapier oder dünne Folien verwenden. Übertrage alle Markierungen auf dein abgepaustes Schnittmuster, damit du sie später auch auf den Stoff bekommst. Belege werden noch zusätzlich an den eingezeichneten Linien abgepaust.

NAHTZUGABE

Wenn nichts anderes angegeben ist, enthalten alle Schnittteile bereits eine Nahtzugabe von 1cm bzw. eine Saumzugabe von 3cm. Du musst nichts weiter hinzufügen. Arbeitest du mit optionalen Teilungslinien, musst du eine Nahtzugabe hinzufügen, da diese noch nicht eingezeichnet ist.

STOFFBREITE

Die Mengenangaben beziehen sich auf eine Standardstoffbreite von 140cm.

ZUSCHNITT

Achte beim Zuschneiden immer auf die richtige Stoffseite und den Fadenlauf. Die rechte Stoffseite ist später außen zu sehen, und die linke Stoffseite liegt innen. Der Fadenlauf ist auf jedem Schnittteil eingezeichnet und führt immer entlang der Stofflänge. Das ist wichtig für die Dehnbarkeit eines Kleidungsstücks. In der Zuschnittliste werden folgende Anweisungen verwendet:

- 1x zuschneiden: Das Teil wird nur einmal benötigt. Die rechte Stoffseite liegt oben.
- 2x gegengleich zuschneiden: Der Stoff wird zusammengefaltet, sodass die linke Stoffseite innen liegt. Das Schnittmuster liegt etwas von der Faltkante entfernt. Du schneidest in einem Arbeitsschritt zwei Teile aus.
- 1x im Stoffbruch zuschneiden: Du faltest deinen Stoff links auf links zusammen und legst das Schnittteil mit der mit Stoffbruch bezeichneten Kante genau an die Faltkante des Stoffs.

PROJEKTE

ROCK

Ein süßes Softshellröckchen zum Überziehen ist der perfekte Begleiter an kälteren Tagen auf dem Spielplatz.

MATERIAL:

- **50cm Softshell** in Rose gemustert
- **20cm Bündchenware** in Grau

ZUSCHNITT:

aus gemustertem Softshell

- **je 1x Vorder- und Rückteil** (SB 1) im Stoffbruch

aus einfarbigem Bündchen

- **1x Bauchbündchen** (SB 1) im Stoffbruch

Das Schnittmuster enthält bereits alle Nahtzugaben.

TIPP

Durch das elastische Bündchen lässt sich der Rock schnell an- und ausziehen.

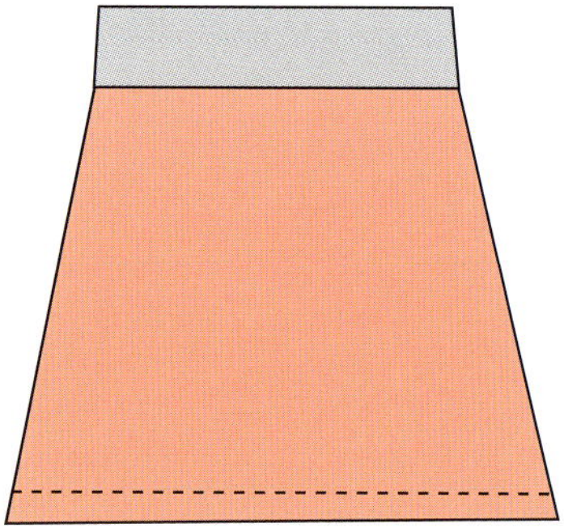

1

2

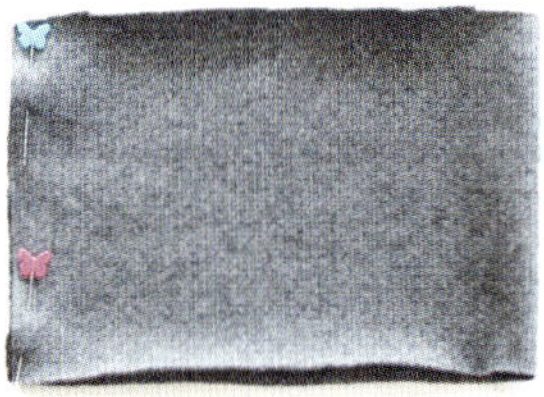

3

4

SO GEHT'S

1. Lege Vorder- und Rückteil rechts auf rechts zusammen und schließe die Seitennähte mit der Overlock.
2. Lege das Bündchen rechts auf rechts und nähe es an der kurzen Seite zum Ring zusammen.
3. Falte das Bündchen einmal der Länge nach links auf links.
4. Stecke das Bündchen rechts auf rechts auf die obere Rockkante. Die Bündchennaht liegt exakt auf der hinteren Mitte des Rocks.

5

5. Versäubere die untere Stoffkante. Wende den Rock auf die linke Stoffseite und stecke den Saum 2cm nach innen fest. Steppe mit einem Geradstich an der Linie der versäuberten Stoffkante ab.

SPIELHOSE

Praktische Räuberhosen zum Überziehen braucht jedes Kind. Aus Softshell genäht, ist so eine Hose robust und wasserabweisend.

MATERIAL:

- **70 cm (Gr. 92–110) 80cm (Gr. 116–128) Softshell** gemustert
- **50cm Softshell** in Gelb
- **30cm Bündchenware**

ZUSCHNITT:

aus gemustertem Softshell

- **2x Vorderteil** (SB 4) gegengleich
- **2x Rückteil** (SB 1) gegengleich

aus uni Softshell

- **Einsatz 2x** (SB 4) gegengleich

aus Bündchenware

- **1x Bauchbündchen** (SB 4) im Stoffbruch
- **2x Saumbündchen** (SB 1) im Stoffbruch

Das Schnittmuster enthält bereits alle Nahtzugaben.

TIPP

Kontrastfarben oder Muster für die seitlichen Einsätze sind ein schöner Blickfang.

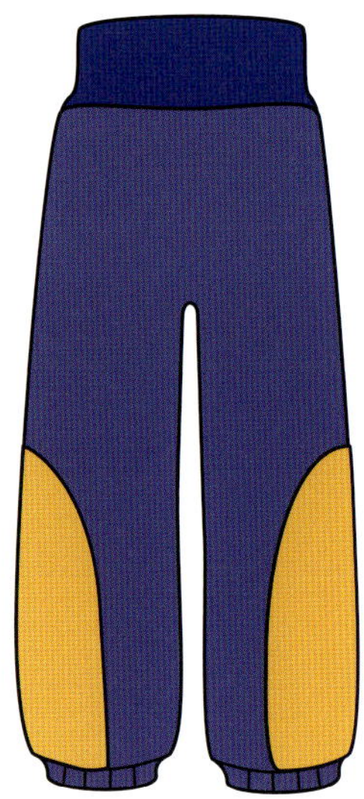

1

2

3

4

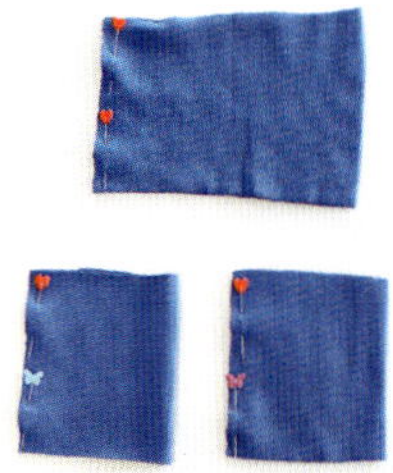

SO GEHT'S

1. Vorder- und Hinterhose jeweils rechts auf rechts legen und vordere Mittelnaht und Gesäßnaht schließen.
2. Vorderhose, mit der linken Stoffseite nach oben zeigend, ausbreiten und die Seiteneinsätze feststecken. Die obere Mitte des Einsatzes trifft genau auf das untere Ende der Seitennaht. Einsätze annähen.
3. Jetzt die Hinterhose rechts auf rechts auflegen. Nun die Seitennaht und Rückseite der Einsätze sowie die Schrittnaht in einem Arbeitsschritt schließen.
4. Bauch und Beinbündchen rechts auf rechts legen und jeweils zu einem Ring schließen.

5

6

5. Hose auf rechts wenden und Bündchen der Länge nach links auf links falten. Anschließend das Bauchbündchen rechts auf rechts auf die obere Hosenkante stecken. Die Bündchennaht trifft auf die hintere Mitte der Hose.
6. Gehe bei den Beinbündchen genau gleich vor. Die Bündchennaht trifft hier auf die innere Beinnaht.

MÜTZE

Mit einer Mütze aus Softshell ist der Kopf bei jedem Wetter gut geschützt. Auch Wind und Regen machen nun nichts mehr aus.

MATERIAL:

- **30cm Softshell** in Rose gemustert
- **20cm Bündchenware** in Grau

ZUSCHNITT:

aus gemustertem Softshell

- **4x Mützenteile** (SB 1)
- **2x Schild** (SB 1)

aus Bündchenware

- **2x Bündchen** (SB 1) im Stoffbruch

Das Schnittmuster enthält bereits alle Nahtzugaben.

TIPP

Das Bündchen wird doppelt genäht, damit es mehr Stabilität bietet. Für eine schöne Innenseite nähst du die Mützenteile mit der Overlock zusammen.

1

2

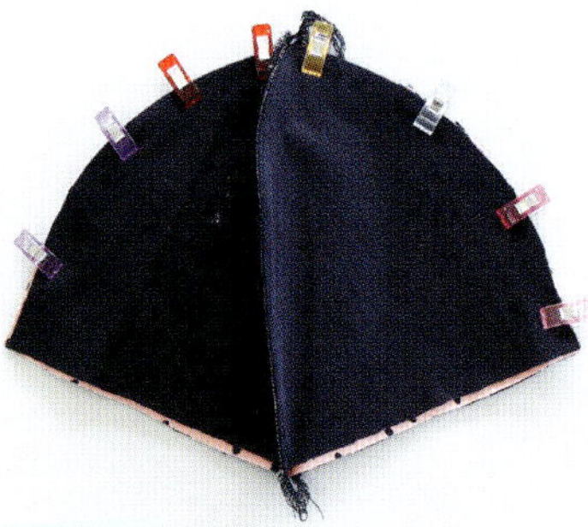

3

4

SO GEHT'S

Die Mütze wird grundsätzlich ohne Futter genäht, da Softshell bereits eine weiche Innenseite aus wärmendem Fleece hat.

1. Lege jeweils 2 Schnittteile rechts auf rechts und nähe an der rechten langen Seite zusammen.
2. Klappe nun beide Teile auseinander und nähe sie jetzt rechts auf rechts mit einer langen durchgängigen Naht zusammen.
3. Stecke beide Schirmteile rechts auf rechts und nähe sie an der äußeren Rundung zusammen. Verwende dazu nicht die Overlock, sondern einen Geradstich, damit die Naht nach dem Wenden nicht zu dick wird.
4. Nähe beide Bündchenstreifen rechts auf rechts zu einem Ring zusammen.

5

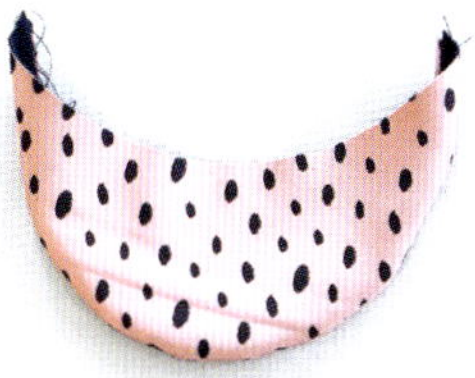

6

7

8

5. Wende den Schirm auf die rechte Stoffseite. Optional kannst du die Nahtzugabe knappkantig absteppen.
6. Stecke beide Bündchen rechts auf rechts ineinander. Lege den Schirm zwischen die zwei Bündchenstreifen. Achte darauf, dass die Nähte der Bündchen genau aufeinandertreffen und genau gegenüber der Schirmmitte liegen. Sie markieren später die hintere Mitte der Mütze. Nähe einmal ringsherum zusammen.
7. Klappe das Bündchen zurück. So sollte es jetzt aussehen.
8. Stecke nun den Bündchen-/Schirmteil rechts auf rechts auf den Mützenteil und nähe zusammen.

RUCKSACK

So ein Funktions-Turnbeutel ist super, denn er ist nicht nur schnell genäht, er hält die Sachen auch bei Wind und Wetter trocken!

MATERIAL:

- **50cm Softshell** gemustert
- **50cm Softshell** in Rot
- **2 Ösen** 10–14mm Durchmesser
- **Kordel** 3,5 Meter

ZUSCHNITT:

aus gemustertem Softshell

- ✂ **je 1x Oberteil Vorderseite und Unterteil Rückseite** (SB 1)

aus uni Softshell

- ✂ **je 1x Unterteil Vorderseite und Oberteil Rückseite** (SB 1)
- ✂ **2x Ecke für Öse** (SB 1)

Das Schnittmuster enthält bereits alle Nahtzugaben.

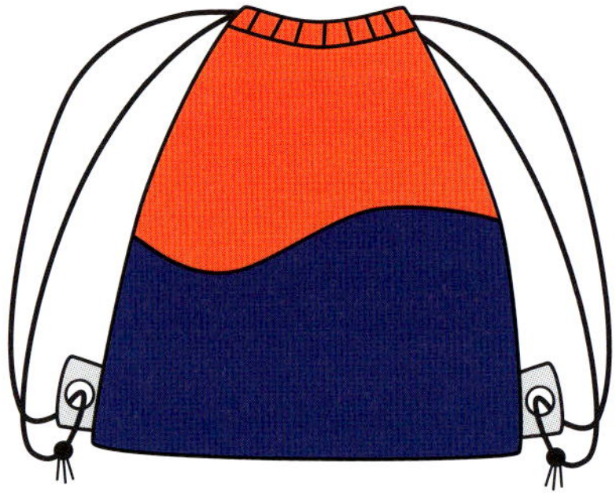

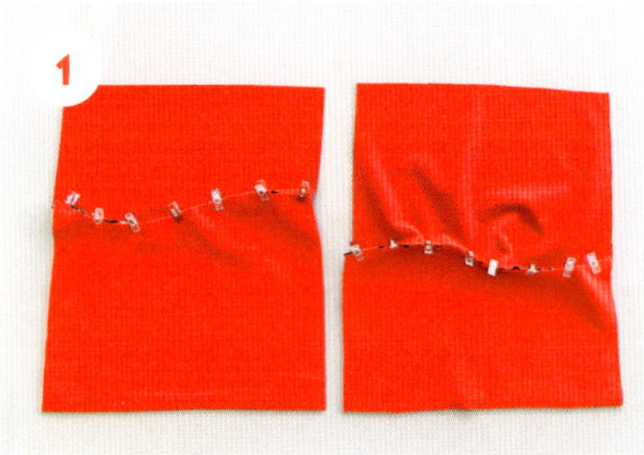

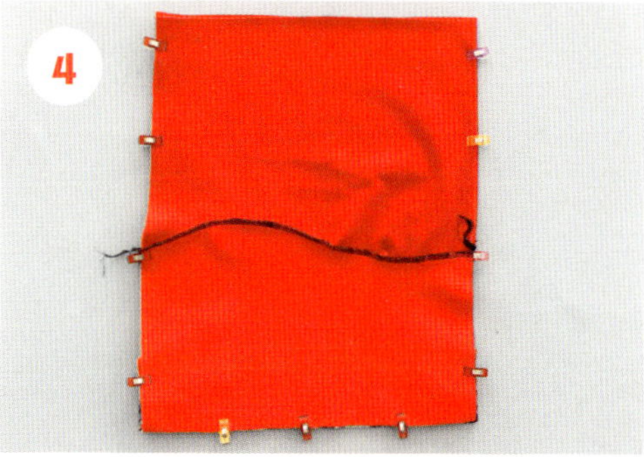

SO GEHT'S

1. Stecke jeweils ein gemustertes Oberteil und ein farbiges Unterteil (und umgekehrt) rechts auf rechts an der Rundung zusammen. Die linke Stoffseite zeigt zu dir. Schließe die Naht. Optional kannst du anschließend die Nahtzugabe von rechts absteppen.
2. Die Ecken für die Ösen mittig rechts auf rechts falten und an den beiden kurzen Seiten mit einem Geradstich zusammennähen. Stoffstücke wenden und Ösen einschlagen.
3. Die beiden Ösenteile an den Markierungen am Rucksack-Vorderteil feststecken. Die offene Seite der Ösenteile zeigt zum Stoffrand.
4. Das Rückteil rechts auf rechts auf das Vorderteil stecken. Die Ösenlaschen werden dazwischengefasst. Die untere Kante und die beiden Seiten jeweils bis zur Markierung am oberen Rand zusammennähen. Die obere Stoffkante im Anschluss versäubern.

5. Jeweils die Nahtzugabe des oberen offenen Teils 0,7cm nach innen einschlagen und feststeppen.
6. Die obere Kante bis zum Ende der geschlossenen Seitennaht nach innen einschlagen und an der versäuberten Stoffkante feststeppen.
7. Den Rucksack wenden und die Kordel mit einer Sicherheitsnadel einfädeln. Die Kordel in 2 Stücke teilen. Die Sicherheitsnadel an der Kordel befestigen und die Kordel auf der einen Seite durch den Tunnelzug einziehen und am Auslass gegenüber wieder herausziehen. Mit der zweiten Kordel die andere Seite des Turnbeutels nach dem gleichen Prinzip einfädeln und die Kordelenden jeweils durch die Öse ziehen, sodass beide Seiten gleich lang sind. Die Enden der Kordel verknoten.

HANDSCHUHE

Handschuhe aus Softshell können nicht nur schön warm halten, sondern sorgen auch bei Eis und Schnee für trockene Kinderhände.

MATERIAL:

- **20cm Softshell** in Grau
- **20cm Bündchen**
- **Fleece-Reste** für die Applikation

ZUSCHNITT:

aus grauem Softshell

- **2x oberes Innenteil** (SB 1) gegengleich
- **2x unteres Innenteil** (SB 1) gegengleich
- **2x oberes Außenteil** (SB 1) gegengleich
- **2x unteres Außenteil** (SB 1) gegengleich
- **4x Flügel** (SB 1) gegengleich
- **2x Gesicht** (SB 1)
- **2x Nase**

aus eisblauem Bünchen

- **2x Bündchen** (SB 1) im Stoffbruch, gegengleich

Das Schnittmuster enthält bereits alle Nahtzugaben.

TIPP

Die Handschuhe wärmen durch die aufgeraute Rückseite des Softshells. Möchtest du es extrawarm, kannst du ein zusätzliches Futter aus Fleece einnähen.

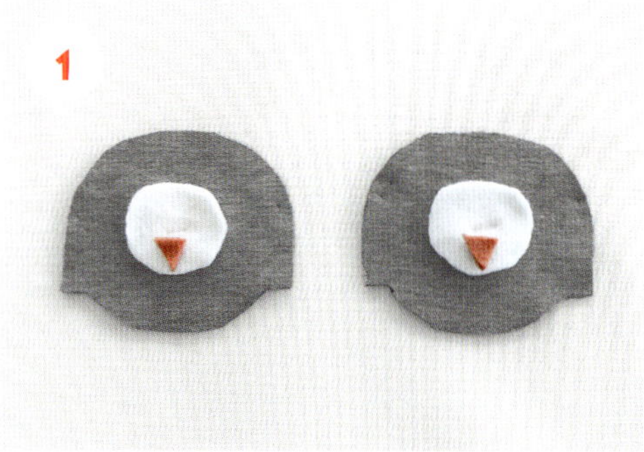

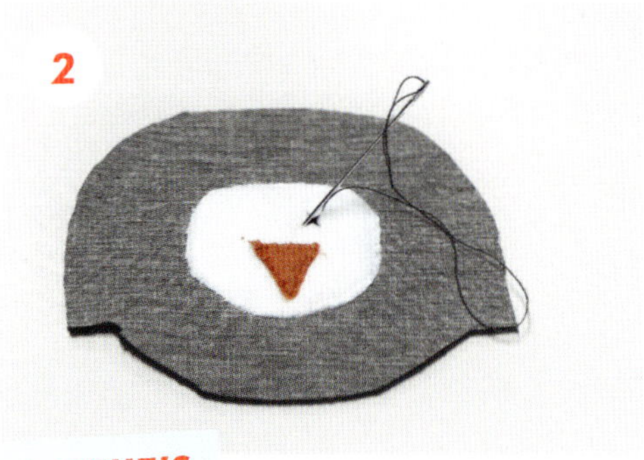

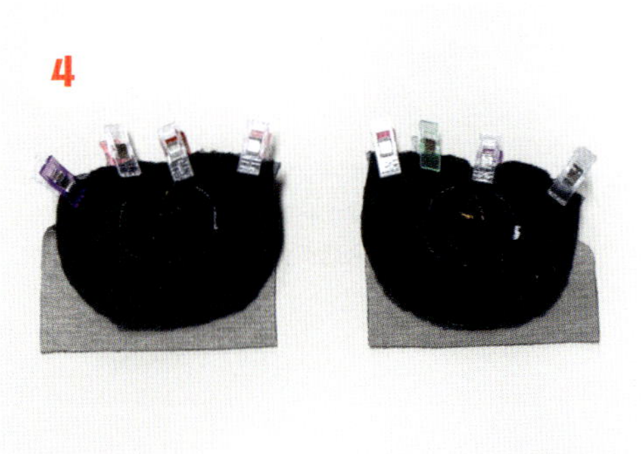

SO GEHT'S

1. Zuerst wird das Gesicht des Pinguins auf das obere Außenteil appliziert. Nähe das weiße Gesicht und die orange Nase mit einem Geradstich an.
2. Sticke anschließend die Augen mit einem Kreuzstich auf.
3. Stecke die Flügel rechts auf rechts an die Rundung des oberen Außenteils und nähe sie mit ein paar Stichen in der Nahtzugabe fest.
4. Stecke das obere und untere Außenteil rechts auf rechts und nähe zusammen.

5

6

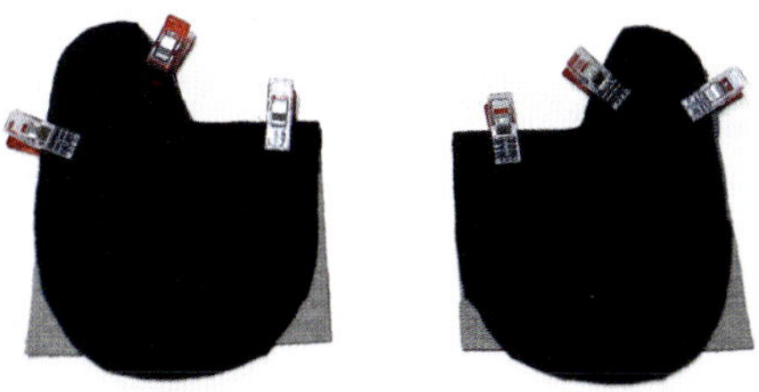

7

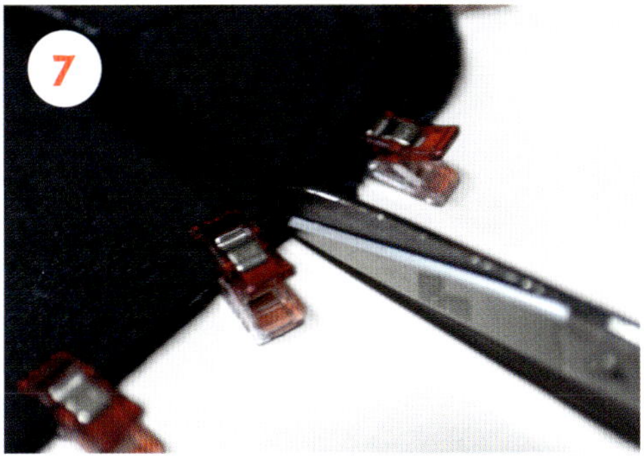

5. Steppe die Nahtzugabe knappkantig von der rechten Stoffseite ab und fixiere damit die Flügel, sodass sie nicht mehr nach oben klappen.
6. Stecke das obere und untere Innenteil rechts auf rechts und nähe zusammen.
7. Stecke nun Außen- und Innenteil rechts auf rechts zusammen. Damit der Daumen nicht mit festgenäht wird, schneidest du die Nahtzugabe der Daumenrundung vorsichtig bis an die Naht ein. Nähe anschließend ringsherum zusammen. Möchtest du den Handschuh füttern, dann nähst du jetzt die Handschuhe noch einmal aus Futterstoff, jedoch ohne Applikation und Flügel und mit einer schmalen Wendeöffnung an der großen Rundung oben.

8

9

8. Stecke die Bündchen rechts auf rechts zusammen und schließe sie zu einem Schlauch. Anschließend links auf links zusammenfalten.
9. Stecke die Bündchen rechts auf rechts auf den Handschuh und nähe ringsherum. Die Bündchennaht liegt jeweils innen. Optional den Futterhandschuh rechts auf rechts auf den Oberstoff stecken (Bündchen liegt dazwischen). Nach dem Zusammennähen durch die Öffnung im Innenhandschuh wenden und die Wendeöffnung schließen.

MATSCHHOSE

Wasserfeste und robuste Matschhosen braucht jedes Kind, denn nichts macht mehr Spaß, als in Pfützen zu springen.

MATERIAL:

- **100cm Softshell** in Rot gemustert
- **kleiner Rest Softshell** in Rot
- **2 Steckschnallen**
- **120cm Gummiband, 2cm breit**
- **2 Druckknöpfe**
- **Nahtdichtband**

ZUSCHNITT:

aus gemustertem Softshell

- **2x oberes Vorderteil** (SB 4) gegengleich
- **2x unteres Vorderteil** (SB 2) gegengleich
- **2x oberes Rückteil** (SB 2) gegengleich
- **2x unteres Rückteil** (SB 2) gegengleich

aus einfarbigem Softshell

- **2x Knieeinsatz Vorderteil** (SB 2) gegengleich
- **2x Knieeinsatz Rückteil** (SB 2) gegengleich
- **2 Streifen, je 6 x 6cm** für die Steckschnallen
- **1x Beleg** (SB 4) im Stoffbruch, aus Schnittteil oberes Vorderteil kopieren
- **1x Beleg** (SB 2) im Stoffbruch, aus Schnittteil oberes Rückteil kopieren
- **1x Brusttasche (**SB 4)

aus Gummiband

- **2x Gummiband, 20–25cm** für die Träger
- **2x Gummiband, 20cm** für die Füße
- **2x Gummiband, 20cm** für den Saum der Hosenbeine

Die Schnittmuster enthalten bereits eine Nahtzugabe von 1cm und eine Saumzugabe von 3cm. An den Teilungslinien muss die Nahtzugabe noch hinzugefügt werden.

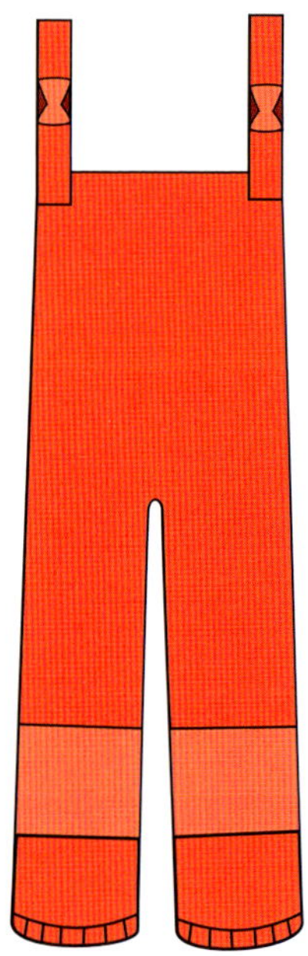

TIPP

Die Hose kann mit und ohne Knieeinsätze genäht werden.

HINWEIS

Die Nähte werden jeweils nach den einzelnen Schritten mit Nahtband abgedichtet. Die Gummibänder können in der Länge individuell angepasst werden.

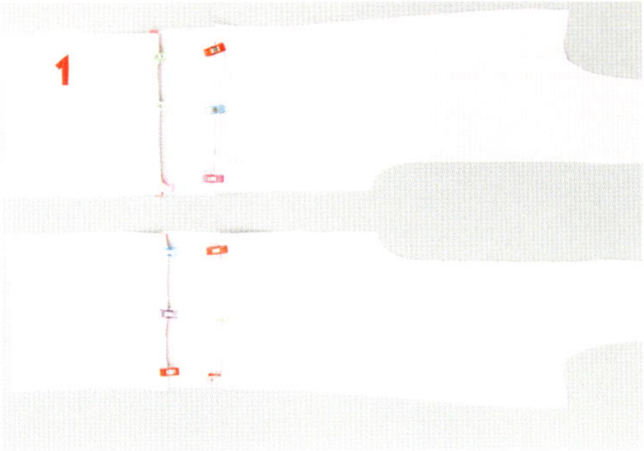

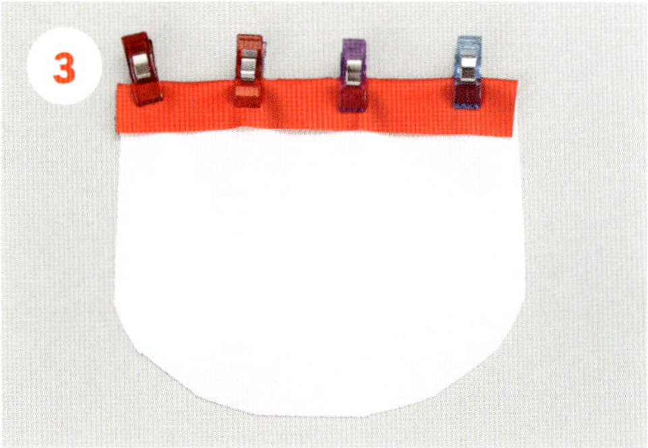

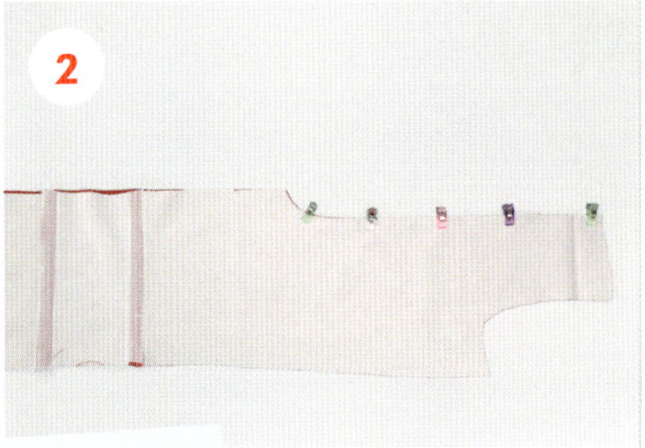

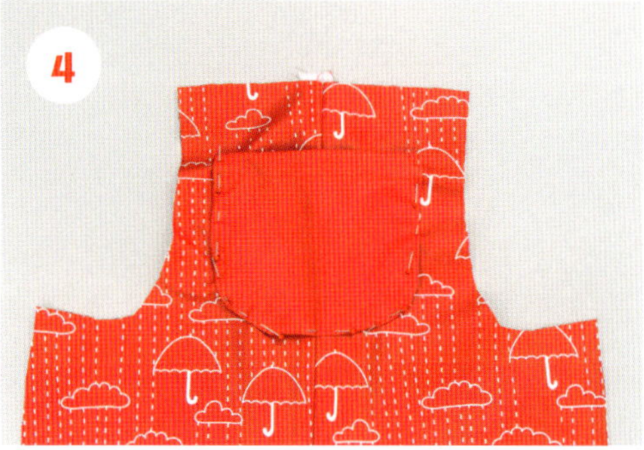

SO GEHT'S

1. Die Knieeinsätze jeweils rechts auf rechts zwischen oberes und unteres Vorderteil nähen. Bei den Rückteilen genauso verfahren.
2. Die beiden Vorderteile rechts auf rechts legen und die vordere Mittelnaht von oben bis zum Schritt schließen. Beim Rückteil wieder genauso vorgehen.
3. Die Brusttasche vorbereiten: Die obere Kante 1cm nach links einschlagen und absteppen.
4. Die Nahtzugabe der Tasche einschlagen und die Tasche entlang ihrer Rundung auf dem Vorderteil aufnähen.

5. Vorder- und Rückteil rechts auf rechts stecken. Die Seitennähte sowie die Beininnennaht schließen.

6. Die beiden Streifen, an denen die Steckschnallen befestigt werden, an beiden Längskanten um je 1cm Nahtzugabe einschlagen, dann die Streifen mittig falten und absteppen.

7. Die Streifen durch den Verschluss der Schnallen ziehen. Der Riegel wird später am Gummiband angenäht.

8. Die Streifen mit den Schnallen, nach unten zeigend, an der Oberkante des Vorderteils platzieren, und zwar jeweils 1cm von der rechten bzw. linken Seitenkante entfernt.

9

11

10

12

SO GEHT'S

9. Die Gummibänder, ebenfalls nach unten zeigend, an der entsprechenden Position auf dem Rückteil platzieren.

10. Den vorderen und hinteren Beleg rechts auf rechts an den beiden schmalen Kanten zusammennähen.

11. Den Beleg rechts auf rechts an die obere Kante des Vorder- und Rückteils der Hose nähen.

12. Den Beleg nach innen legen und knappkantig absteppen.

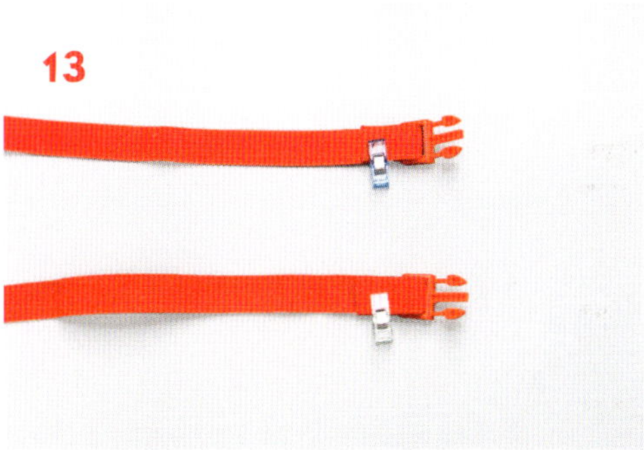

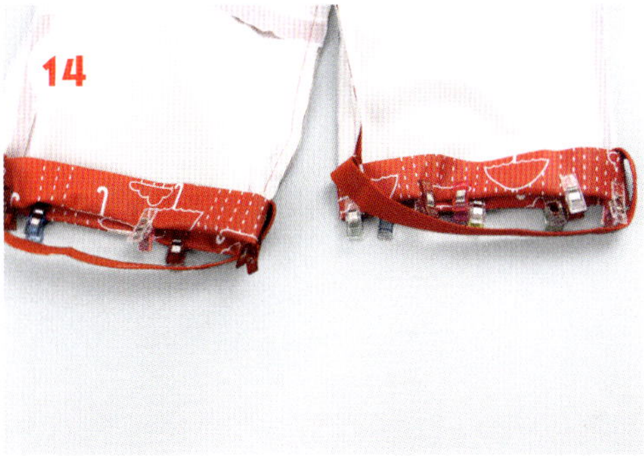

13. Die Gummibänder durch die Riegel fädeln, die Enden umschlagen und annähen.

14. Den Saum der Hosenbeine auf die linke Stoffseite einschlagen. Das Fußgummi in die Naht rechts und links einstecken und den Saum absteppen. Dabei eine kleine Öffnung von ca. 2cm lassen.

15. Das Gummiband für den Saum mit einer Sicherheitsnadel einziehen und zusammennähen. Die Öffnung durch Absteppen schließen.

16. Die beiden Hälften der Druckknöpfe oben an der markierten Position rechts und links der Seitennähte anbringen, sodass man später die Seiten der Hose per Druckknopf enger klipsen kann.

REGENJACKE

Eine Regenjacke mit Windfang durch verdeckte Ärmelbündchen bietet optimalen Wetterschutz im Frühjahr und Herbst.

MATERIAL:

- **100cm Softshell** gemustert
- **20cm Softshell** in Rot
- **Cuff-Me-Bündchen**
- **1 Reißverschluss,** beschichtet

Größe	92	98	104	110
Länge	39 cm	41 cm	43 cm	46 cm

Größe	116	122	128
Länge	48 cm	50 cm	52 cm

- **15cm Bündchenstoff**
- **evtl. Nahtdichtband**

ZUSCHNITT:

aus gemustertem Softshell

- **2x Vorderteil** (SB 3) gegengleich
- **1x Rückteil** (SB 3) im Stoffbruch
- **2x Ärmel** (SB 4) gegengleich
- **2x Ärmelbündchen** (SB 4) gegengleich
- **2x Kapuze** (SB 3) gegengleich
- **2x Kapuzenbeleg** (SB 3) gegengleich, aus Schnittteil Kapuze kopieren
- **2x Reißverschlussbeleg** (SB 3) gegengleich, aus Schnittteil Vorderteil kopieren
- **1x Saumbeleg** (SB 3)**,** aus Schnittteilen Vorder- und Rückteil kopieren und zusammensetzen

aus rotem Softshell

- **2x runder Taschenbeutel** (SB 3) gegengleich, aus Schnittteil Vorderteil kopieren

TIPP

Die Nähte können jeweils nach den einzelnen Schritten mit Nahtband abgedichtet werden, damit die Jacke auch richtig wasserdicht wird.

NO RAIN
NO RAINBOW

1

3

2
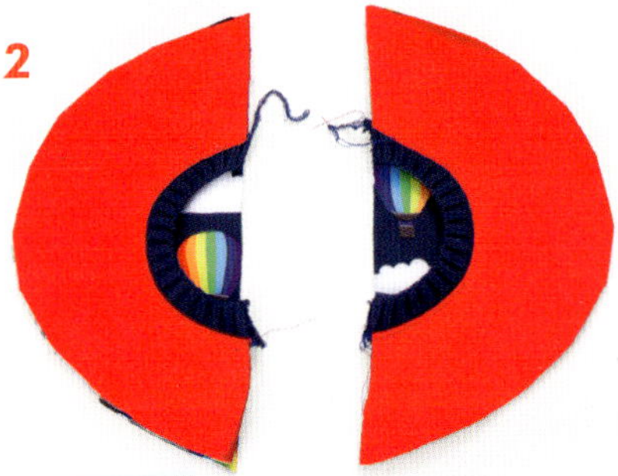

4

SO GEHT'S

1. Die schmalen Bündchenstreifen jeweils rechts auf rechts an den Tascheneinsatz nähen.
2. Die Nahtzugabe von rechts absteppen. Den Taschenbeutel unterlegen und die Außenkanten aufeinanderstecken.
3. Die Tascheneinsätze samt Taschenbeuteln rechts auf rechts an den Vorderteilen annähen. Die Nahtzugabe von rechts absteppen.
4. Vorder- und Hinterteil rechts auf rechts an den Schulternähten zusammennähen.

5

7

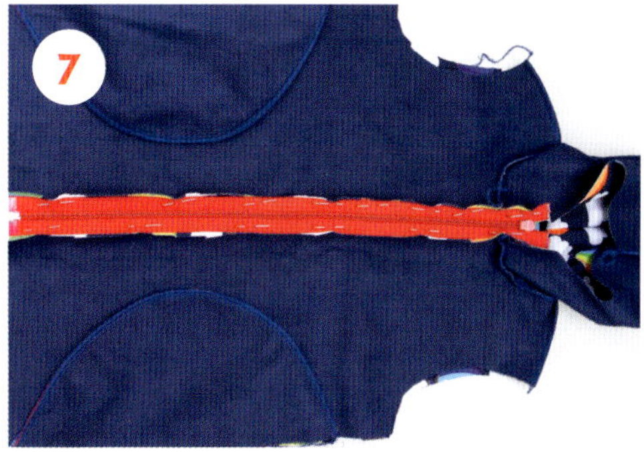

6

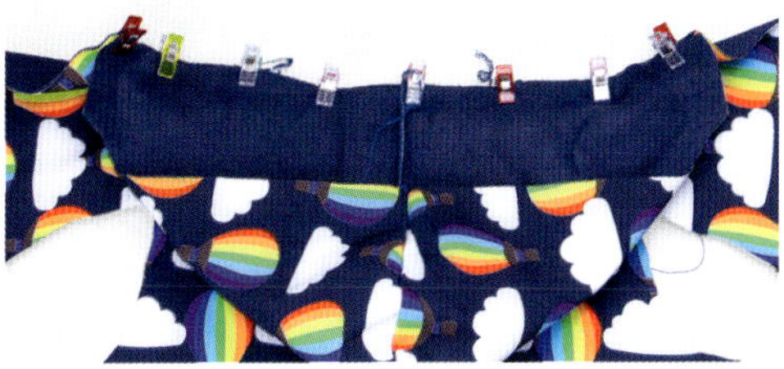

8

5. Die beiden Kapuzenhälften rechts auf rechts aufeinanderlegen und die obere/hintere Kapuzennaht schließen.
6. Die Kapuze rechts auf rechts an den Halsausschnitt nähen.
7. Den Reißverschluss in das Vorderteil einnähen. Der Schieber liegt 1cm unterhalb des Kapuzenausschnitts.
8. Die Ärmel rechts auf rechts an die Armausschnitte nähen.

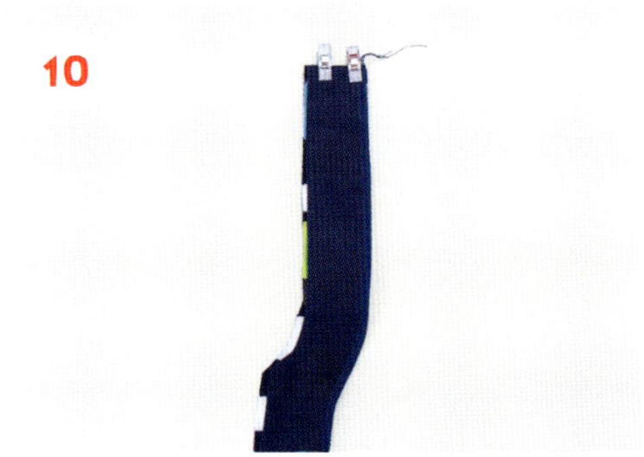

9. Das Nähstück rechts auf rechts falten. Ärmel- und Seitennähte in einem Zug schließen.

10. Alle Belegteile an denjenigen Kanten, die später sichtbar sind, versäubern. Den Kapuzenbeleg rechts auf rechts an der Mittelnaht zusammennähen.

11. Den Kapuzenbeleg rechts auf rechts an die Reißverschlussbelege nähen.

12. Den Beleg rechts auf rechts auf Vorderteil und Kapuze legen und annähen. Dabei die Kapuzenansatznähte bei Jacke und Beleg abpassen.

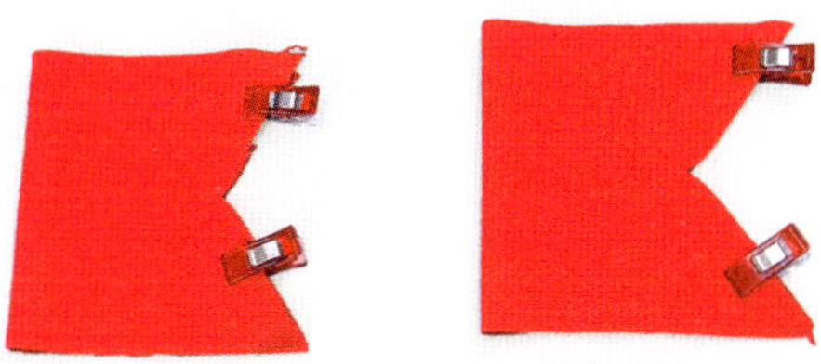

13. Den Saumbeleg im rechten Winkel rechts auf rechts an das untere Ende des Reißverschlussbelegs nähen.

14. Den Saumbeleg rechts auf rechts an die Jacke nähen.

15. Den Saum umschlagen und von rechts alle Belege absteppen.

16. Die Ärmelbündchen rechts auf rechts zum Ring zusammennähen. Dann in der Höhe links auf links zusammenfalten, sodass ein Konus entsteht

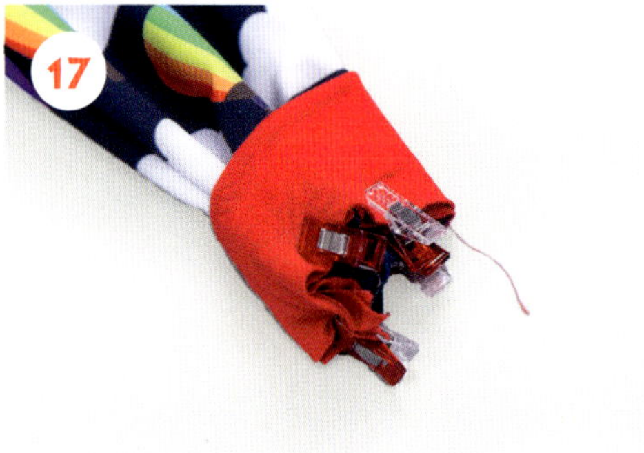

17. Die Ärmelbündchen kantenbündig rechts auf rechts an den Ärmeln annähen. Dabei die Bündchennähte genau mit den Ärmelnähten abpassen.

18. Den Ärmelsaum einschlagen und dabei das Bündchen nach innen schieben. Absteppen.

REGENHUT

Mit dieser Kopfbedeckung kann auch ein Regentag kleinen Rabauken nichts anhaben. Die große Krempe schützt vor Wasser im Nacken.

MATERIAL:

Als Material eignet sich auch hier gut Softshell, weil das Material atmungsaktiv ist und die Kinderhaare so nicht von innen durch Schwitzen nass werden. Für Sintfluten ist das Hütchen nichts, weil nur bedingt wasserdicht.

- **50cm Softshell** in Blau gemustert
- **20cm Softshell** in Blau
- **50cm Baumwoll-Webstoff**
- **evtl. Nahtband**

ZUSCHNITT:

aus einfarbigem Softshell

✂ **6x Hutteil** (SB 1)

aus gemustertem Softshell

✂ **1x Krempe** (SB 1) im Stoffbruch

aus Baumwoll-Webstoff (Futterstoff)

✂ **6x Hutteil** (SB 1)

✂ **1x Krempe** (SB 1) im Stoffbruch

Die Schnittmuster enthalten bereits eine Nahtzugabe von 1cm.

TIPP

Damit der Hut richtig wetterfest ist, kannst du die Nähte mit Nahtband abdichten.

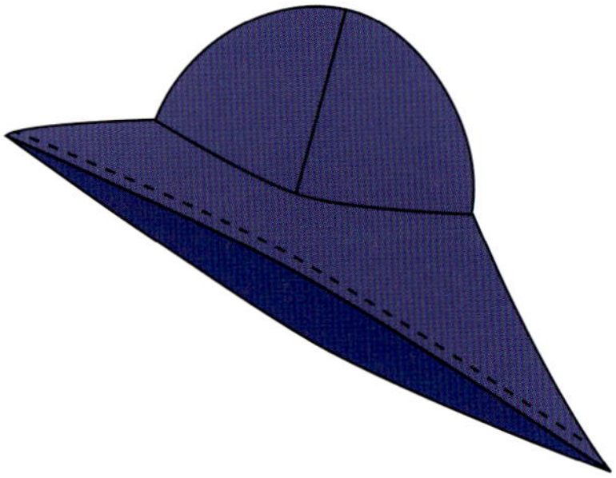

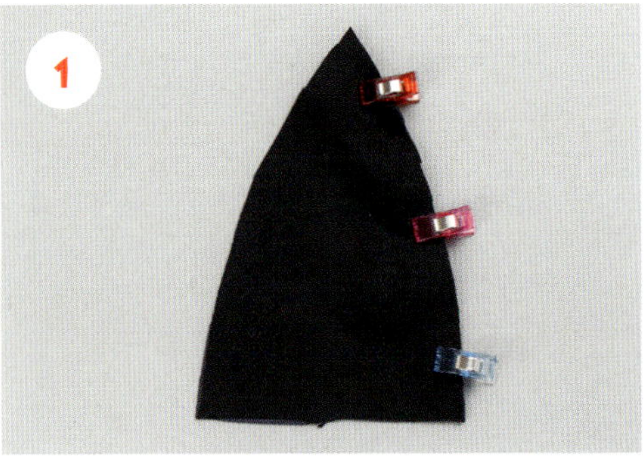

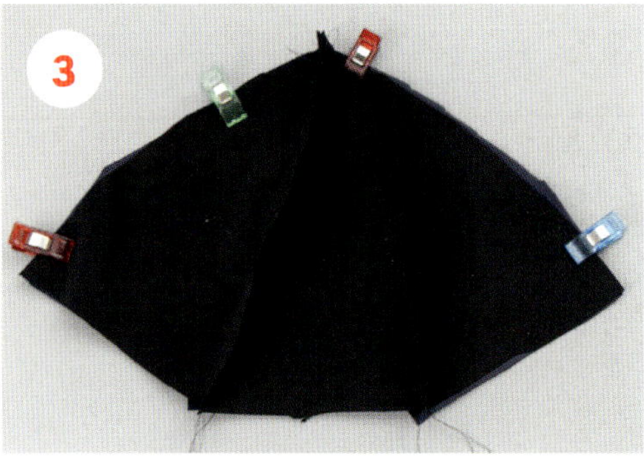

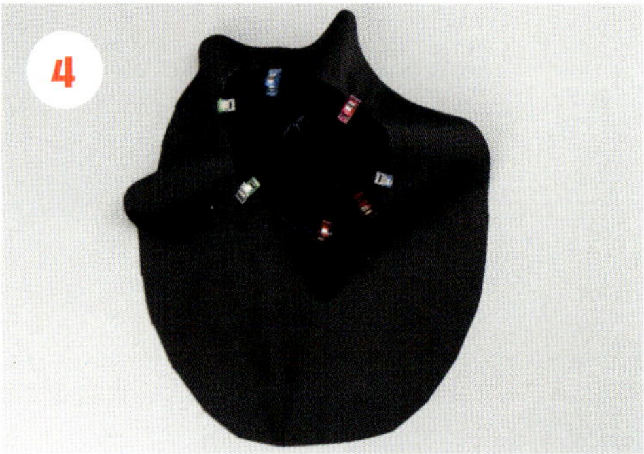

SO GEHT'S

1. Zwei Hutteile aus einfarbigem Softshell rechts auf rechts zusammennähen, dabei die Naht nahtzugabenbreit unter der Spitze beginnen.
2. Ein drittes Hutteil an einer der freien Kanten annähen. Die restlichen drei Hutteile aus Softshell ebenso aneinandernähen, sodass zwei Huthälften entstehen.
3. Die beiden Huthälften rechts auf rechts zusammennähen, sodass der Hut geschlossen wird.
4. Die Krempe aus gemustertem Softshell rechts auf rechts an das Hutteil nähen. Vordere und hintere Mitte der Krempe jeweils mit einer Naht des Hutteils abpassen.

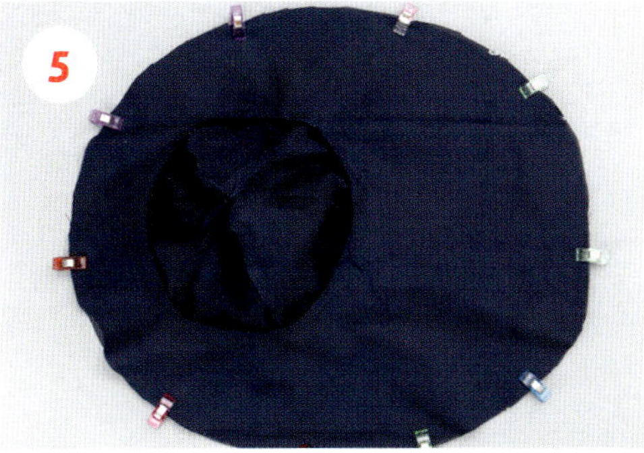

5. Den Futterstoff auf die gleiche Weise zusammennähen und rechts auf rechts auf das Hutteil aus Softshell stecken. An der Krempe zusammennähen und dabei eine Wendeöffnung lassen.
6. Den Hut auf rechts wenden. Die Nahtzugabe absteppen und dabei gleichzeitig die Wendeöffnung schließen.

REGENHOSE

Eine Hose aus Softshell ist schnell genäht und lässt sich leicht anziehen. Sie hält schön warm und schützt vor nassen Beinen.

MATERIAL:

- **70cm Softshell** gemustert
- **40cm Softshell** in Rot
- **1 Reißverschluss,** nicht teilbar
  Größe 98–104: 14cm lang
  Größe 110–128: 16cm lang
- **1 Druckknopf**
- **2 Kordelstopper**
- **50cm Gummikordel**
- **2 Knöpfe**
- **4 Ösen, 4mm Ø**
- **50cm Knopflochgummi**
- **evtl. Nahtdichtband**

ZUSCHNITT:

aus gemustertem Softshell

- **2x oberes Vorderteil** (SB 2) gegengleich
- **2x unteres Vorderteil** (SB 3) gegengleich
- **1x Sattel** (SB 2) im Stoffbruch
- **2x unteres Rückteil** (SB 4) gegengleich
- **2x Bund** (SB 2) im Stoffbruch, beachte rechte und linke Vorderhose

aus einfarbigem Softshell

- **2x Knieeinsatz** (SB 2) gegengleich
- **2x oberes Rückteil** (SB 4) gegengleich

Die Schnittmuster enthalten bereits eine Nahtzugabe von 1cm und eine Saumzugabe von 3cm. An der Teilungslinie des Rückteils muss die Nahtzugabe noch hinzugefügt werden.

TIPP

Die Nähte können jeweils nach den einzelnen Schritten mit Nahtband abgedichtet werden, damit die Hose richtig wasserdicht wird.

SO GEHT'S

1. Die beiden oberen Vorderteile am Übertritt für den Reißverschluss bis zur inneren Beinnaht versäubern.
2. Die Position des Reißverschlusses einzeichnen und die Rundungen zwischen den Markierungen links auf links zusammennähen.
3. Den Reißverschluss an der vorderen Kante anlegen und nur auf der rechten Seite festnähen.
4. Den Übertritt auf links einschlagen und feststecken. Das Nähstück wenden.

5

7

6

8

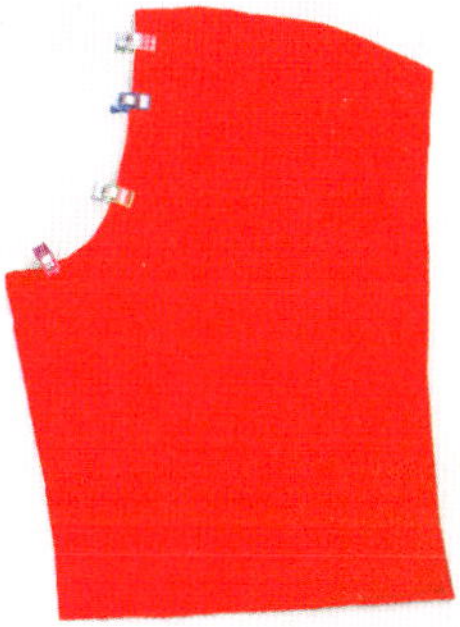

5. Den Untertritt wegklappen. Den Übertritt mit dem Reißverschluss durchsteppen und mit einer Rundung an der vorderen Mittelnaht enden.
6. Die Abnäher der Knieeinsätze jeweils rechts auf rechts stecken und zusammennähen. Wenden und von rechts knappkantig absteppen.
7. Die Knieeinsätze rechts auf rechts an das obere und das untere Vorderteil nähen.
8. Die beiden Hälften des oberen Rückteils rechts auf rechts stecken. Die Gesäßnaht schließen.

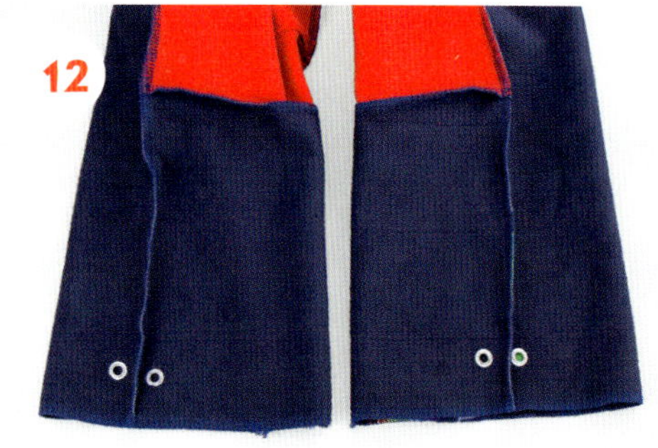

9. Das obere Rückteil rechts auf rechts mit der Oberkante an den Sattel und mit den Unterkanten an die unteren Rückteile nähen.
10. Die Nahtzugaben von rechts absteppen.
11. Vorder- und Hinterteil rechts auf rechts stecken. Seitennähte und Beininnennaht schließen.
12. Die Ösen 4cm oberhalb des Beinabschlusses rechts und links neben der Seitennaht einschlagen.

13

14

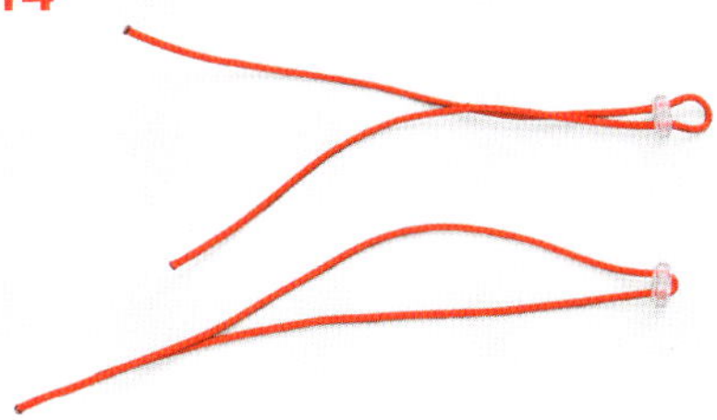

13. Den Beinsaum 3cm auf links einschlagen und feststecken.
14. Gummikordeln in der gleichen Länge wie der Saumumfang der Hosenbeine in die Kordelstopper einfädeln.

15

16

15. Die Gummikordel durch die Ösen einfädeln. Die Enden verknoten oder vernähen und alles in die Saumzugabe legen. Den Saum absteppen.
16. Einen der beiden Bundstreifen an der unteren Kante versäubern und an den Markierungen für die Seitennähte im unteren Drittel je ein Knopfloch einnähen.

17

18

19

20

17. Die Knopflöcher einschneiden.

18. Das Bundteil ohne Knopflöcher rechts auf rechts an die obere Hosenkante nähen (beachte rechte und linke Vorderhose). Je 1cm Nahtzugabe an Anfang und Ende überstehen lassen. Den Bund nach oben klappen.

19. Das zweite Bundteil rechts auf rechts an den ersten Streifen nähen. Die Nahtzugabe am Anfang und Ende auch zusammennähen.

20. Den Bund wenden und von rechts an der oberen und unteren Kante sowie am Anfang und Ende absteppen.

21

22

21. Den Druckknopf an der Vorderkante des Hosenbunds anbringen.

22. Die Knöpfe jeweils direkt neben dem Knopfloch am Hosenbund annähen und das Knopflochgummi einziehen.

CAPE

Für kalte Tage ist ein warmes, wasser- und windabweisendes Cape aus Softshell ein praktisches Accessoire für jedes Kind.

MATERIAL:

- **160cm (Gr. 92–104) 180cm (Gr. 110–128) Softshell** gemustert
- **160cm (Gr. 92–104) 180cm (Gr. 110–128) Jersey** in Gelb
- **5 Knöpfe 22mm**
- **optional 2 Kam Snaps** für Ärmel

ZUSCHNITT:

aus gemustertem Softshell

- **Vorderteil 2x** (SB 3) gegengleich
- **Rückteil 1x** (SB 1) im Stoffbruch
- **Kapuze 2x** (SB 4) gegengleich
- **Kapuzenbeleg 2x** (SB 4) gegengleich
- **Vorderteilbeleg 2x** (SB 3) gegengleich

aus einfarbigem Jersey

- **Vorderteil 2x** (SB 3) gegengleich
- **Rückteil 1x im** (SB 1) im Stoffbruch
- **Kapuze 2x** (SB 4) gegengleich

Das Schnittmuster enthält bereits alle Nahtzugaben bis auf jene an den Beleglinien. Hier musst du eine Nahtzugabe extra hinzufügen.

Der Beleg wird aus dem Schnittmuster abgepaust. Das Futter wird ohne den Belegteil zugeschnitten.

TIPP

Damit das Cape richtig warm hält, bekommt es ein Futter aus Jersey.

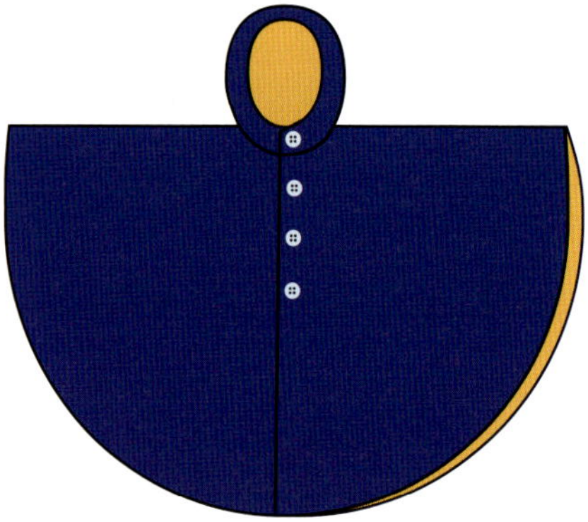

1

3

2

4

SO GEHT'S

1. Stecke jeweils die beiden Kapuzenteile aus Ober- und Futterstoff rechts auf rechts und nähe an der Rundung zusammen.
2. Stecke die beiden Vorderteile aus Oberstoff rechts auf rechts auf das Rückteil und schließe die Schulternähte.
3. Stecke die Kapuze rechts auf rechts auf das Halsloch und nähe sie zusammen.
4. Nähe die beiden Belegstreifen aus Oberstoff rechts auf rechts an die geraden Kanten der beiden Vorderteile aus Futterstoff.

5

6

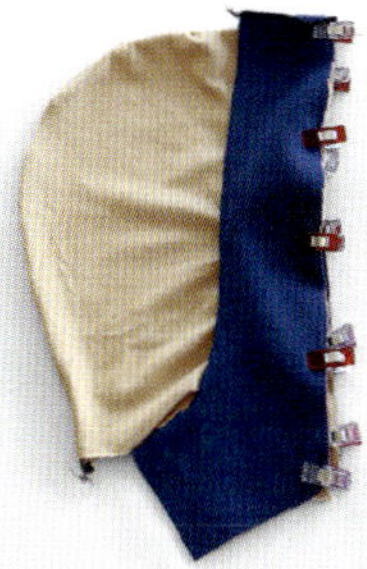

7

8

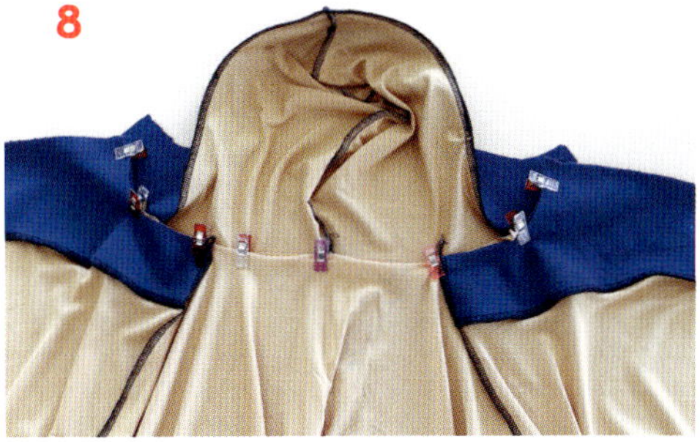

5. Stecke die Belegstreifen der Kapuze aus Oberstoff rechts auf rechts und nähe oben an der kurzen Seite zusammen.
6. Stecke nun den Beleg aus Oberstoff rechts auf rechts an die offene Kante der Kapuze und nähe den Beleg an.
7. Stecke die beiden Vorderteile aus Futterstoff mit Beleg auf das Rückteil aus Futterstoff.
8. Stecke nun die Kapuze aus Futterstoff rechts auf rechts auf das Halsloch des Futters und nähe zusammen.

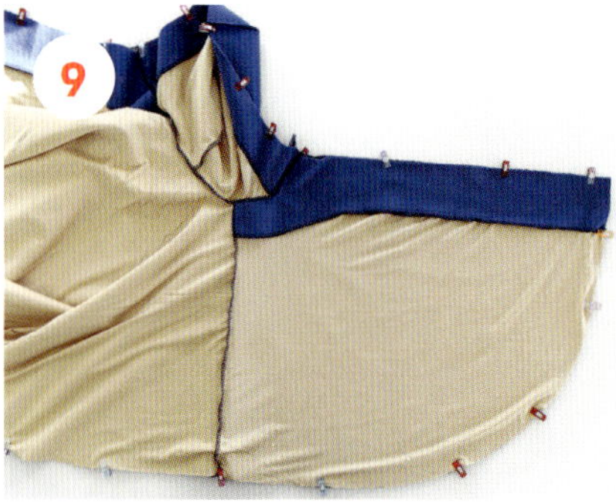

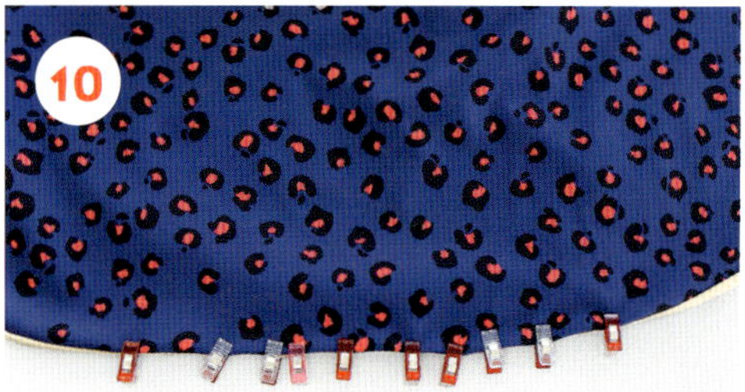

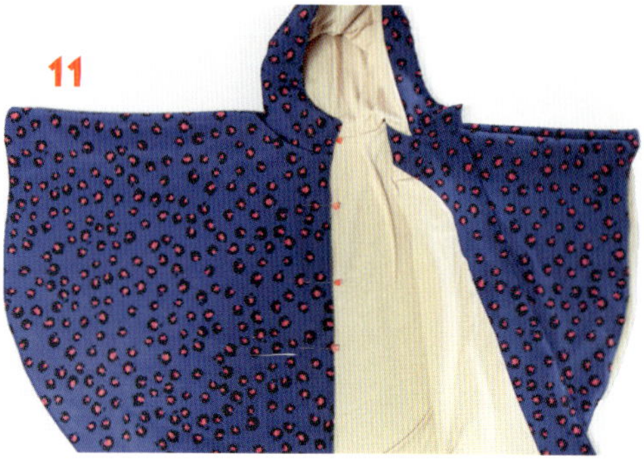

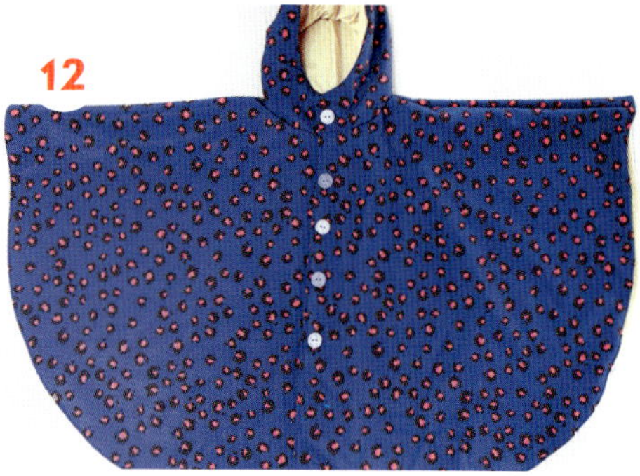

Stecke jetzt das Cape aus Ober- und Futterstoff rechts auf rechts ineinander und nähe ringsherum zusammen. An der unteren Kante lässt du eine ca. 10–15cm große Wendeöffnung.

9. Wende das Cape durch die Öffnung und stecke die Wendeöffnung fest. Steppe die äußere Kante des Capes einmal ringsherum knappkantig ab und schließe somit gleich die Wendeöffnung.

10. Markiere dir auf der linken Seite des Vorderteils die Position für 4 oder 5 Knopflöcher. Nähe die Knopflöcher mit dem Knopflochprogramm deiner Nähmaschine auf.

11. Nähe anschließend die Knöpfe auf der rechten Vorderteilseite an. Alternativ kannst du auch Kam Snaps verwenden. Das Cape kann auch ca. 15cm unterhalb der Schulternaht auf beiden Seiten jeweils mit einem Knopf oder Kam Snap geschlossen werden.

SOFTSHELLJACKE

Nähe deinem Kind die perfekt sitzende Softshelljacke für die kühl-feuchten Tage mit abnehmbarer Kapuze und seitlichen Taschen.

MATERIAL:

- **100cm Softshell** in Blau gepunktet
- **50cm Jersey** in Rot-Weiß gestreift
- **40cm Bündchenstoff oder Jersey** in Rot
- **1 Reißverschluss**

Größe	92	98	104	110
Länge	39 cm	41 cm	43 cm	46 cm

Größe	116	122	128
Länge	48 cm	50 cm	52 cm

- **4 Druckknöpfe**

ZUSCHNITT:

aus gepunktetem Softshell

- **2x Vorderteil** (SB 3) gegengleich
- **1x Rückteil** (SB 3) im Stoffbruch
- **2x Ärmel** (SB 4) gegengleich
- **2x Kapuze** (SB 3) gegengleich
- **1x Kragen** (SB 2) im Stoffbruch
- **2x Reißverschlussbeleg** (SB 3) gegengleich, aus Schnittteil Vorderteil kopieren
- **2x Taschenklappe** (SB 3)

aus gestreiftem Jersey (Futterstoff)

- **1x Kragenbeleg** (SB 3) aus Schnittteil Vorderteil kopieren
- **2x Kapuze** (SB 3) gegengleich
- **2x Taschenbeutel** (SB 3)
- **1x Kragen im Stoffbruch** (SB 2)

aus rotem Bündchenstoff oder Jersey

- **2x Ärmelbündchen im Stoffbruch** (SB 4)

Die Schnittmuster enthalten bereits eine Nahtzugabe von 1cm und eine Saumzugabe von 3cm.

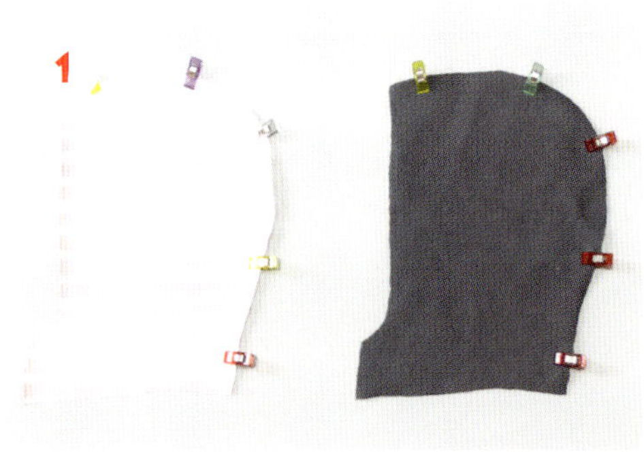

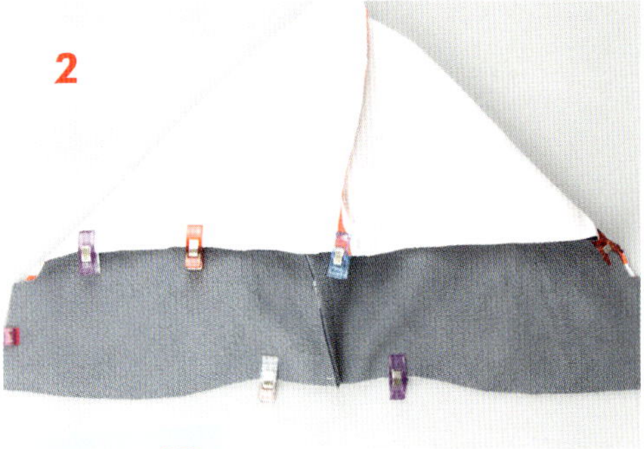

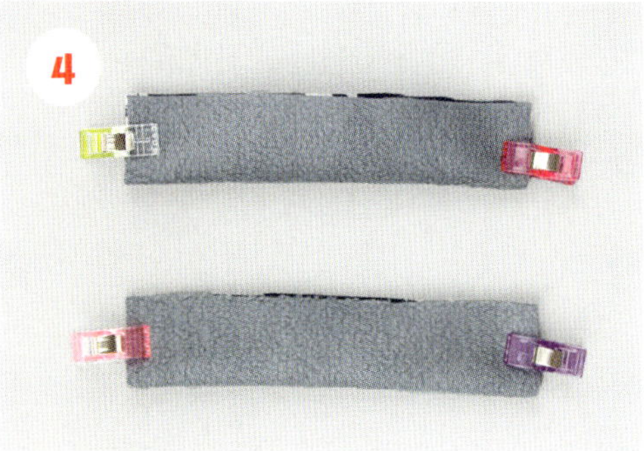

SO GEHT'S

1. Jeweils beide Hälften der Kapuze aus Außen- und Futterstoff rechts auf rechts stecken und die obere/hintere Naht schließen.
2. Die beiden Kapuzen rechts auf rechts ineinanderstecken und ringsherum zusammennähen. Dabei eine Wendeöffnung lassen.
3. Das Nähstück wenden. Die Nahtzugabe absteppen und gleichzeitig die Wendeöffnung schließen.
4. Die Taschenklappen mittig rechts auf rechts falten und an den kurzen Seiten zusammennähen.

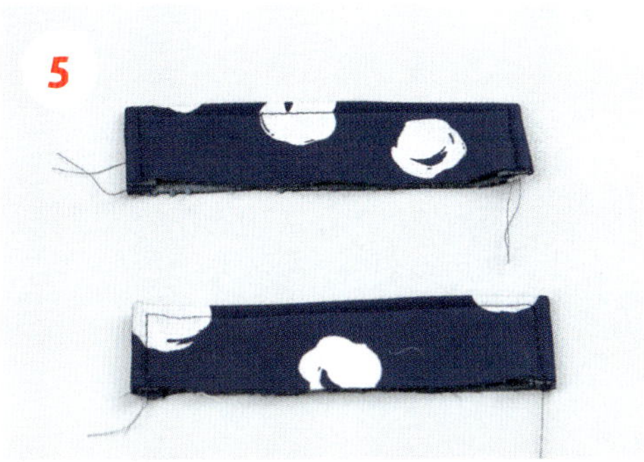

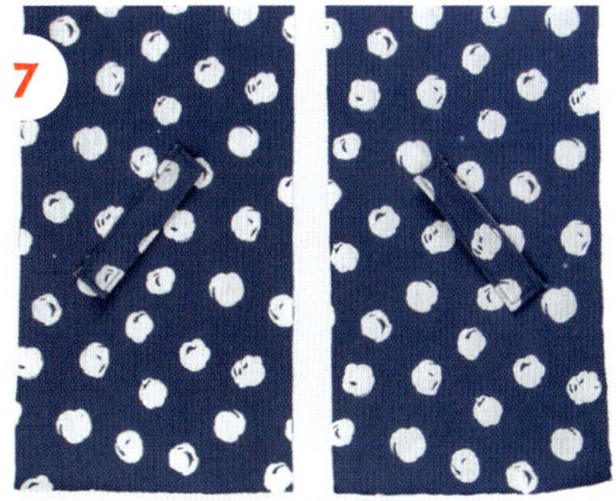

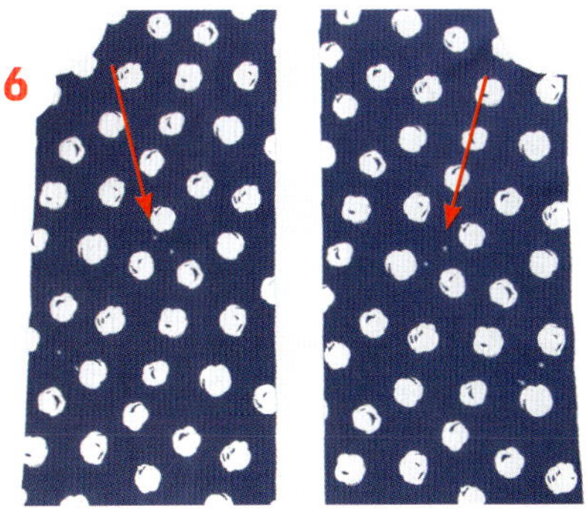

5. Die Taschenklappen wenden und an den geschlossenen Seiten knappkantig absteppen.
6. Die Markierungen für die Tasche auf die Vorderteile übertragen.
7. Die Taschenklappen an der unteren Markierung anlegen und feststeppen.
8. Die Taschenbeutel rechts auf rechts auf die obere Markierung steppen.

9. Das Nähstück wenden und zwischen den Nähten einschneiden.

10. An den Enden jeweils schräg zum Dreieck einschneiden.

11. Den Taschenbeutel durch die Öffnung ziehen und an der Nahtzugabe der Taschenklappe annähen.

12. Den Taschenbeutel an den Seiten zusammennähen und dabei optional auch die Oberkante mit einem elastischen Stich versäubern.

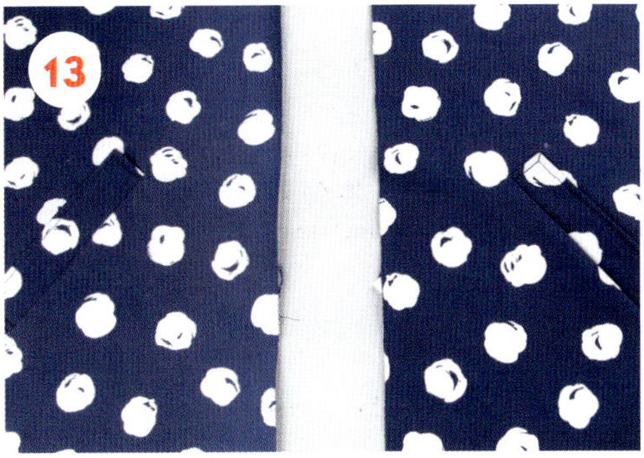

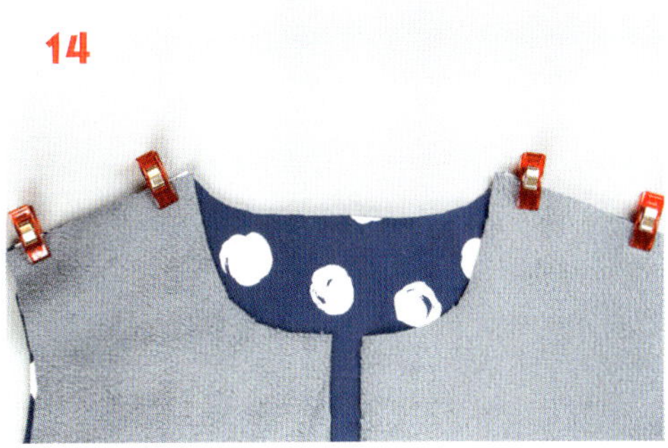

13. Die Taschenklappen umklappen und an den kurzen Seiten feststeppen.

14. Vorder- und Rückteil rechts auf rechts an den Schulternähten zusammennähen.

15. Den Kragen rechts auf rechts an den Halsausschnitt nähen.

16. Den Reißverschluss in das Vorderteil einnähen. Den Schieber 1cm unterhalb des Halsausschnittes anlegen. Unten 3cm Saumzugabe frei lassen.

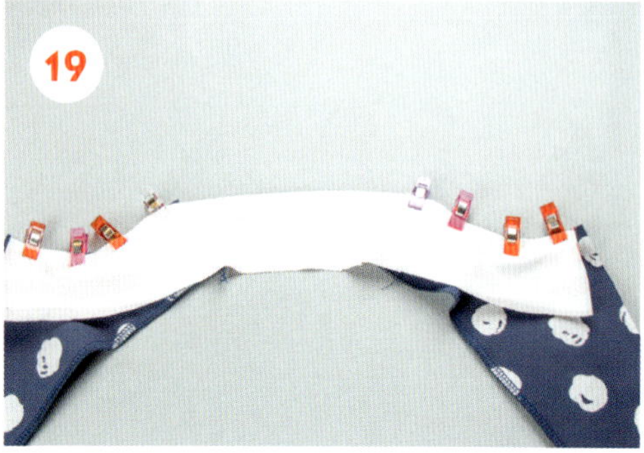

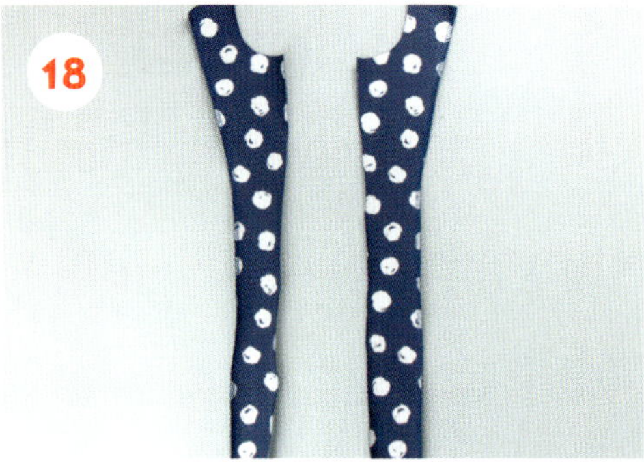

17. Die Druckknöpfe am Kragen und der Kapuze entsprechend den Markierungen anbringen.

18. Die Reißverschlussbelegteile an den später sichtbaren Kanten, also den langen geraden Kanten, versäubern.

19. Den Kragen aus Jersey rechts auf rechts auf die Reißverschlussbelege legen und von vorderer Kante bis Schulternaht festnähen.

20. Die Reißverschlussbelege rechts auf rechts an den Reißverschluss und die obere Kragenkante nähen.

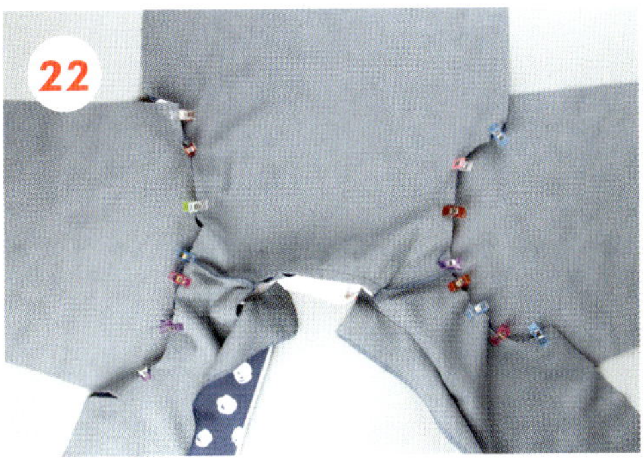

21. Die Reißverschlussbelege dann am Saum auf der Höhe von 3cm auf die Vorderteile steppen.

22. Die Ärmel rechts auf rechts an die Armausschnitte nähen. Dabei Markierungen und Schulternähte abpassen.

23. Das Nähstück rechts auf rechts zusammenfalten. Ärmel- und Seitennähte in einem Zug schließen.

24. Die untere Jackenkante versäubern. Den Saum 3cm einschlagen und von rechts absteppen. Reißverschluss und Kragen ebenfalls absteppen.

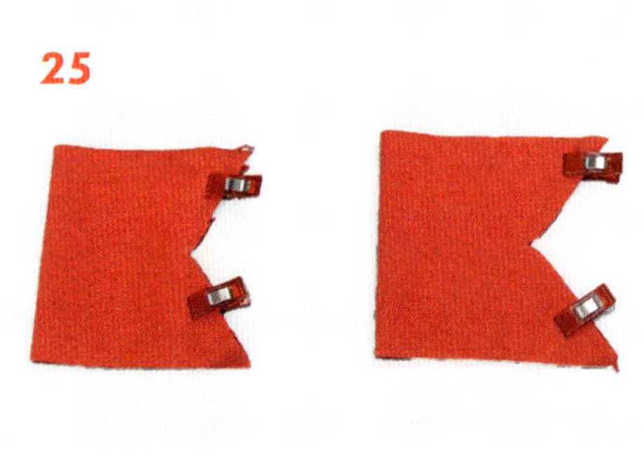

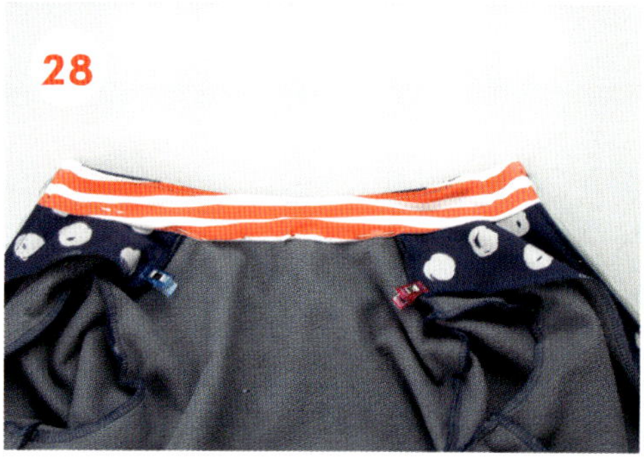

25. Die Ärmelbündchen rechts auf rechts zum Ring zusammennähen. Dann in der Höhe links auf links zur Hälfte falten, sodass ein Konus entsteht.

26. Die Ärmelbündchen rechts auf rechts an den Ärmeln annähen. Dabei treffen die Bündchennähte genau auf die Ärmelnähte.

27. Den Ärmelsaum einschlagen, das Bündchen nach innen schieben und absteppen.

28. Die Nahtzugabe am Kragenbeleg einschlagen und annähen. Den Reißverschlussbeleg in der Nahtzugabe der Schulternaht fixieren. Fertig!

SCHNITTMUSTER-BOGENÜBERSICHT

SCHNITTMUSTERBOGEN 1

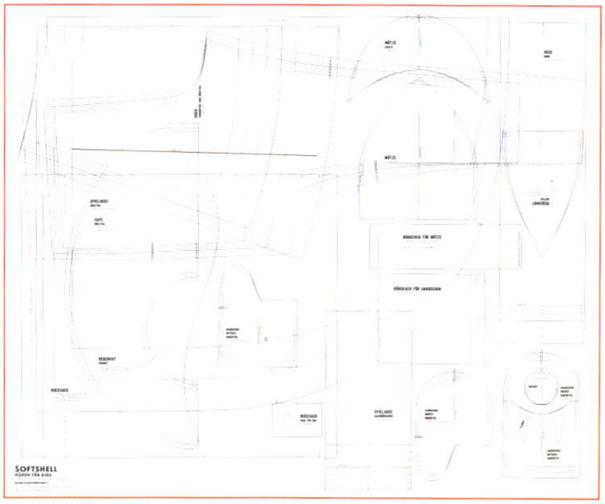

- **Rock Vorderteil** und Rückteil
- **Rock** Bund
- **Spielhose** Rückteil
- **Spielhose** Saumbündchen
- **Regenhut** Krempe
- **Regenhut** Hutteil
- **Rucksack**
- **Mütze**
- **Mütze** Schild
- **Mütze** Bündchen
- **Handschuh** Bündchen
- **Handschuh** oberes Innenteil
- **Handschuh** Außenteil
- **Cape** Rückteil

SCHNITTMUSTERBOGEN 2

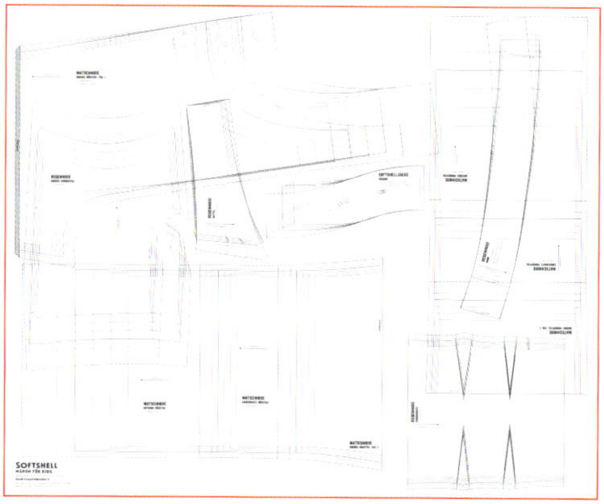

- **Matschhose** oberes Rückteil 1
- **Matschhose** unteres Rückteil, Knieeinsatz, oberes Rückteil 2
- **Matschhose** oberes Vorderteil 2
- **Matschhose** Knieeinsatz
- **Regenhose** oberes Rückteil
- **Matschhose** unteres Vorderteil
- **Regenhose** oberes Vorderteil
- **Regenhose** Knieeinsatz Vorderteil
- **Regenhose** Sattel
- **Regenhose** Bund
- **Softshelljacke** Kragen

SCHNITTMUSTERBOGEN 3

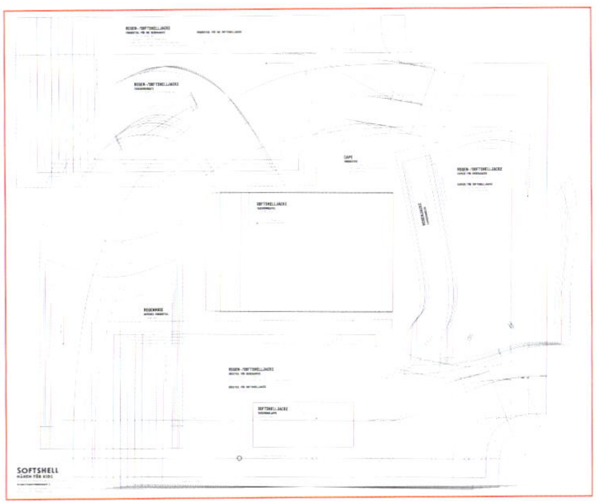

- **Regen-/Softshelljacke** Vorderteil
- **Regen-/Softshelljacke** Tascheneinsatz
- **Regen-/Softshelljacke** Rückteil
- **Regen-/Softshelljacke** Kapuze
- **Softshelljacke** Taschenklappe
- **Softshelljacke** Taschenbeutel
- **Regenhose** unteres Vorderteil
- **Cape** Vorderteil

SCHNITTMUSTERBOGEN 4

- **Regen-/Softshelljacke** Ärmel
- **Regen-/Softshelljacke** Ärmelbündchen
- **Spielhose** Vorderteil
- **Matschhose** oberes Vorderteil 1
- **Matschhose** Brusttasche
- **Regenhose** unteres Rückteil
- **Regenhose** oberes Rückteil

ÜBER DIE AUTORIN

Julia Hennicke lebt mit ihrer Familie in Portugal. Sie ist Gründerin von Textilsucht®, Mama von 3 Kindern, Onlinecoach, Bloggerin, nähverrückt und textilsüchtig. Bereits als Kind hat sie ihrer Mama über die Schulter geschaut und das Nähen gelernt. Inspiriert von den eigenen Kindern und auf der Suche nach individueller Kinderkleidung, hat sie 2014 ihr eigenes Schnittmusterlabel Textilsucht® gegründet. Hier findet man Schnittmuster und Nähanleitungen für die ganze Familie, mit denen wirklich jede*r Nähen lernen kann.

DANKSAGUNG

Ich danke der Edition Michael Fischer und vor allem Anja für die angenehme Zusammenarbeit und die Chance, meine Ideen in diesem Buch umzusetzen. Ich danke meinen Sponsoren für die großzügigen Materialspenden. Ganz besonders danke ich meiner Familie und Julia von kissenknick.de für die Unterstützung beim Nähen der Modelle. Und natürlich meiner Schnittdirektrice Martina für die Realisierung meiner Entwürfe in den Schnittmustern.

www.textilsucht.de
www.facebook.com/textilsucht
www.instagram.com/textilsucht_inspiration

WO FINDEST DU DIE MATERIALIEN?

Alle Materialien für dieses Buch findest du in gut sortieren Stoffläden vor Ort oder in diesen Onlineshops:

www.alles-fuer-selbermacher.de
www.stoffundstil.de
www.buttinette.de
www.prym.com

NOCH MEHR BÜCHER

HEJ. MINIMODE – KLEIDUNG NÄHEN FÜR BABYS UND KLEINKINDER

Der Skandi-Look für die Kleinsten aus Webware, Baumwollstoffen, Musselin und Co. – In den Größen 50–104 – Mit 4 Schnittmusterbogen

978-3-96093-729-6

HEJ. MINIMODE – KLEIDUNG NÄHEN FÜR KINDER

Alle Modelle in den Größen 98 bis 152 – Der Skandi-Look für Kids aus Webware, Baumwollstoffen, Musselin und Co. – Mit 6 Schnittmusterbogen

978-3-7459-0634-9

NÄHEN MIT PUL-STOFFEN – IDEAL FÜR BABYS

Wasserabweisend, farbenfroh und atmungsaktiv: Latz, Windel, Matschhose und mehr – Bis Größe 92. Mit 2 Schnittmusterbogen

978-3-74**59-0899**-2

EASY JERSEY – MITWACHSHOSEN FÜR BABYS UND KIDS NÄHEN

Spiel- und Pumphosen nähen – Alle Modelle in den Größen 50 – 104 – Mit Schnittmusterbogen

978-3-74**59-0314**-0

Bibliografische Information der Deutschen Bibliothek.

Die Deutsche Bibliothek verzeichnet diese Publikation in der Deutschen Nationalbibliografie.

Detaillierte bibliografische Daten sind im Internet über http://www.dnb.de/ abrufbar.

EIN BUCH DER EDITION MICHAEL FISCHER

1. Auflage 2022

Covergestaltung und Layout: Sarah Lukic

Aufmacherfotos: Patrick Wittmann Fotografie, München

Stepfotos: Julia Hennicke

Softshellfoto S. 10: Snaply

Redaktion und Lektorat: Anja Brinkmann

Satz und Modellskizzen: Pia von Miller

Illustrationen alle Shutterstock:
Schirme, Gummistiefel: @ JungleOutThere; Wettersymbole: @ mirrelley; Waschetikett: @ Alhovik; Strichellinienmuster und Schrägstrichmuster: @ Angie Makes; Wellenlinienmuster: @ Magnia; Strichpunktlinienmuster: @ Ms Moloko

ISBN 978-3-7459-0968-5

Gedruckt bei PNB Print SIA „Jansili", Silakrogs, Ropazu novads, LV-2133, Lettland

www.emf-verlag.de